Kerstin Hänecke/Hiltraud Grzech-Sukalo
Kontinuierliche Schichtsysteme

Betriebs- und Dienstvereinbarungen
Analyse und Handlungsempfehlungen

Eine Schriftenreihe der Hans-Böckler-Stiftung

Kerstin Hänecke/Hiltraud Grzech-Sukalo

Kontinuierliche Schichtsysteme

Bibliografische Information der Deutschen Nationalbibliothek
Die Deutsche Nationalbibliothek verzeichnet diese Publikation
in der Deutschen Nationalbibliografie; detaillierte bibliografische
Daten sind im Internet über http://dnb.d-nb.de abrufbar.

© 2012 by Bund-Verlag GmbH, Frankfurt am Main
Redaktion: Dr. Manuela Maschke, Hans-Böckler-Stiftung
Herstellung: Birgit Fieber
Umschlaggestaltung: Neil McBeath, Stuttgart
Satz: Dörlemann Satz, Lemförde
Druck: CPI books Ebner & Spiegel, Ulm
Printed in Germany 2012
ISBN 978-3-7663-6174-5

Alle Rechte vorbehalten,
insbesondere die des öffentlichen Vortrags, der Rundfunksendung
und der Fernsehausstrahlung, der fotomechanischen Wiedergabe,
auch einzelner Teile.

www.bund-verlag.de
www.boeckler.de/betriebsvereinbarungen

Inhalt

Vorwort 9

Abkürzungsverzeichnis 10

1. Rahmenbedingungen 11

2. Regelungsinhalte 18
   2.1 Ziele und Absichten 18
   2.2 Geltungsbereich 21
   2.3 Zeitliche Rahmenbedingungen 21
       2.3.1 Betriebszeiten 21
       2.3.2 Tägliche, wöchentliche und jährliche Arbeitszeiten . 23
       2.3.3 Abfolge der Schichten, Schichtpläne 30
       2.3.4 Pausen 33
       2.3.5 Ruhezeiten 37
       2.3.6 Übergabezeiten, Umkleide- und Waschzeiten 40
       2.3.7 Arbeit an Sonntagen und gesetzlichen Feiertagen . 41
   2.4 Personelle Rahmenbedingungen 43
       2.4.1 Personalbedarf 44
       2.4.2 Vertretungsregelungen 47
       2.4.3 Teilzeit 51
   2.5 Ausgleichsregelungen 53
       2.5.1 Zeitliche Ausgleichsregelungen 54
       2.5.2 Finanzielle Ausgleichsregelungen 59
       2.5.3 Urlaubsregelungen 61
       2.5.4 Ausfallzeiten 64
   2.6 Arbeits- und Gesundheitsschutz 65
       2.6.1 Gesundheitsschutz nach § 6 ArbZG 65
       2.6.2 Jugendliche, Frauen im Mutterschutz, ältere und leistungsveränderte Beschäftigte 70

2.7 Soziale Vorsorge 74
   2.7.1 Pausenräume und Verpflegung 74
   2.7.2 Fort- und Weiterbildung 74
2.8 Rufbereitschaft 75
2.9 Umsetzungsprozess 77
   2.9.1 Planung und Erstellung von Schichtplänen 77
   2.9.2 Geltungsdauer und Verlängerung von Schichtplänen 80
   2.9.3 Pilotphase und Evaluation 82
   2.9.4 Kündigungsschutz in der Erprobungszeit 84

3. **Mitbestimmungsrechte, -prozeduren und -instrumente** 86
   3.1 Informations- und Beteiligungsrechte des Betriebsrats .. 86
      3.1.1 Besetzung der Schichten 88
      3.1.2 Ausweitung der Schichtarbeit auf andere betriebliche Bereiche 90
      3.1.3 Änderungen und Ankündigungsfristen 91
   3.2 Informations- und Beteiligungsmöglichkeiten der Beschäftigten 92
      3.2.1 Einfluss bei der Gestaltung von Schichtsystemen . 93
      3.2.2 Schichttausch 94
      3.2.3 Einfluss auf Frei- und Zusatzschichten 96
      3.2.4 Ankündigungsfristen von Frei- und Zusatzschichten 98
   3.3 Regelungen im Konfliktfall 100

4. **Offene Probleme** 103

5. **Zusammenfassende Bewertung** 108

6. **Beratungs- und Gestaltungshinweise** 113
   6.1 Gestaltungsraster 113
   6.2 Ausgangspunkte für die gestaltende Einflussnahme durch die Interessenvertretung 116
   6.3 Wesentliche rechtliche Grundlagen 118

7. **Bestand der Vereinbarungen** 119

Glossar 121

Literatur- und Internethinweise 125

Das Archiv Betriebliche Vereinbarungen
der Hans-Böckler-Stiftung 128

Stichwortverzeichnis 130

Vorwort

Wir leben und arbeiten rund um die Uhr. Nacht- und Schichtarbeit weiten sich aus: Mehr als jeder zweite abhängig Beschäftigte in Deutschland arbeitet am Wochenende, nachts oder in wechselnden Schichten. Nacht- und Schichtarbeitende gewährleisten die Versorgung und Sicherheit der Bevölkerung, ermöglichen Dienstleistungen und Einkäufe am Wochenende. Unternehmen können ihre Produktionskapazitäten besser und kostengünstiger ausnutzen. Sie kann deutliche gesundheitliche Konsequenzen haben und beeinträchtigt nicht zuletzt auch das private (Familien-)Leben.

Diese Auswertung betrieblicher Vereinbarungen zu kontinuierlichen Schichtsystemen ist die dritte ihrer Art zum Thema Schichtarbeit. Für die Analyse wurden 43 betriebliche Vereinbarungen der Jahre 1989 bis 2008 ausgewertet. Es wird gezeigt, welche Regelungstrends zur Gestaltung kontinuierlicher Schichtsysteme bestehen und wie die betrieblichen Akteure das Thema aufgreifen. Die Auswertung verfolgt dabei nicht das Ziel, Regelungen zu bewerten, die Hintergründe und Strukturen in den Betrieben und Verwaltungen sind uns nicht bekannt. Ziel ist es, betriebliche Regelungspraxis abzubilden, Trends aufzuzeigen, Hinweise und Anregungen für die Gestaltung eigener Vereinbarungen zu geben.

Weitere Hinweise und Informationen zu unseren Auswertungen finden Sie im Internet unter www.boeckler.de/betriebsvereinbarungen.

Wir wünschen eine anregende Lektüre!

Dr. Manuela Maschke

Abkürzungsverzeichnis

ArbZG	Arbeitszeitzeitgesetz
ArbSchG	Arbeitsschutzgesetz
BAG	Bundesarbeitsgericht
BetrVG	Betriebsverfassungsgesetz
BGBl.	Bundesgesetzblatt
BPersVG	Bundespersonalvertretungsgesetz
BR	Betriebsrat
BUrlG	Bundesurlaubsgesetz
BV	Betriebsvereinbarung
IRWAZ	Individuelle reguläre Wochenarbeitszeit
JArbSchG	Jugendarbeitsschutzgesetz
MTV	Manteltarifvertrag
MuSchG	Mutterschutzgesetz
SGB	Sozialgesetzbuch
TV	Tarifvertrag

1. Rahmenbedingungen

Wird in einer Organisation kontinuierliche Schichtarbeit geleistet, bedeutet dies: Es wird die gesamte Woche »rund um die Uhr«, 168 Stunden in der Woche gearbeitet und ggf. produziert. Die Lage der so genannten Normal- oder Regelarbeitszeit ist für Vollzeitkräfte auf sieben Wochentage verteilt und wird selten variiert. Die Arbeitszeiten in kontinuierlichen Schichtsystemen (→ Glossar) finden meist in Früh-, Spät- und Nachtschichten statt. Dies umfasst sowohl Nachtarbeit als auch Sonn- und ggf. Feiertagsarbeit (vgl. Grzech-Sukalo/Hänecke 2011). Für die letzteren beiden bedarf es allerdings einer entsprechenden Genehmigung. Laut Arbeitszeitgesetz (ArbZG) soll die wöchentliche Ruhezeit ununterbrochen mindestens 35 Stunden betragen. Sie kann jedoch bei kontinuierlicher Schichtarbeit auf 32 Stunden reduziert werden. Dies ist allerdings nur möglich, wenn innerhalb von acht Wochen ein Ausgleich stattfindet.

Die Gestaltung von Dauer, Lage und Verteilung der kontinuierlichen Nacht- und Schichtarbeit bedarf besonderer Voraussetzungen und stellt besondere Anforderungen an die Schichtplangestaltenden und die betrieblichen Parteien. Laut §6 ArbZG müssen beispielsweise gesicherte arbeitswissenschaftliche Erkenntnisse berücksichtigt werden (→ Glossar; vgl. Beermann 2005). Die vorliegende Auswertung stellt die Grundprinzipien kontinuierlicher Schichtarbeit und deren Regelungsbedarf in Form von Betriebsvereinbarungen dar. Nacht- und Schichtarbeit sind in nahezu allen Branchen vorzufinden, vom produzierenden Gewerbe bis hin zu Dienstleistungsunternehmen. Gerade kontinuierliche Schichtarbeit weist im Allgemeinen traditionell eher starre Arbeitszeiten auf. Generell sollte Nachtarbeit besonders gewissenhaft geplant werden, da sie negative gesundheitliche Auswirkungen mit sich bringen kann. Daher sind ihr Einsatz und ihre Gestaltung im Sinne des Arbeits- und Gesundheitsschutzes besonders geregelt. Nachtarbeit ist jede Arbeit, die mehr als zwei Stunden der im ArbZG festgelegten Nachtzeit umfasst (23 bis 6 Uhr). Als Nachtarbeitskräfte gelten Beschäftigte, die aufgrund

der arbeitszeitlichen Gestaltung normalerweise Nachtarbeit in Wechselschicht oder an mindestens 48 Tagen im Kalenderjahr leisten. Der gesetzliche Zeitrahmen für Nachtarbeit kann sowohl durch tarifrechtliche Vereinbarungen als auch durch eine Betriebsvereinbarung erweitert werden.
Meist handelt es sich um regelmäßige Dreischichtsysteme in einem mindestens vierwöchentlichen Schichtzyklus (→ Glossar). Sie zeichnen sich durch festgelegte Anfangs- und Endzeiten sowie einen systematischen Wechsel zwischen den Schichten aus. Als klassisches Beispiel ist zu nennen: Früh-, Spät- und Nachtschicht mit den Wechselzeiten 6 Uhr, 14 Uhr und 22 Uhr. Die so genannte Rotationsrichtung und -geschwindigkeit (→ Glossar) unterscheiden sich: Ein rotiertes Schichtsystem zeichnet sich durch die Schichtabfolge Früh/Nacht/Spät aus. Dahingegen besteht eine Vorwärtsrotation in der Abfolge Früh/Spät/Nacht. Folgen aufeinander viele gleiche Schichten, z. B. sieben Nachtschichten in Folge, handelt es sich um ein langrotiertes System. Umfasst ein Schichtblock die Abfolge weniger (z. B. zwei gleicher) Schichten, spricht man von einem kurzrotierten System. Es können sowohl bei der Rotationsrichtung als auch bei der Rotationsgeschwindigkeit Mischformen auftreten, wie im Folgenden an einigen Beispielen gezeigt wird.
Auch die Anzahl der Schichtbelegschaften kann variieren. Man spricht von einem Drei- oder auch Mehrschichtsystem mit einer bestimmten Anzahl der Schichtbelegschaften. In der Produktion, der Werksfeuerwehr, dem Werksschutz sowie bei der Polizei ist in der Regel eine Gleichbesetzung der Schichten vorzufinden, während im Krankenhaus und in der Pflege eher Ungleichbesetzungen der Schichten üblich sind. Variieren kann auch die Dauer des Schichtzyklus: Schichtpläne können sich nach wenigen Wochen (in der Regel sind es vier oder fünf) oder aber erst nach mehreren Monaten wiederholen.
Im ArbZG ist der Begriff Schichtarbeit im Gegensatz zur Nachtarbeit nicht definiert (vgl. § 2 ArbZG). Ein Kommentar zum ArbZG (Anzinger/Koberski 2005, Rn. 13 zu § 6) bietet folgende Erläuterung: »Schichtarbeit liegt vor, wenn sich die Arbeitsleistungen mehrerer Arbeitnehmer an einem Arbeitsplatz derart ablösen, dass der Arbeitsplatz nicht nur während der Arbeitszeit eines Arbeitnehmers, sondern nacheinander von mehreren Arbeitnehmern für eine die Arbeitszeit des einzelnen Arbeitnehmers übersteigende Zeitspanne besetzt ist, wobei es hinsichtlich der

Schichtbesetzung als ausreichend angesehen wird, wenn in jeder Schicht nur ein Arbeitnehmer zum Einsatz kommt.«
Die Form von Schichtarbeit – kontinuierlich oder diskontinuierlich (→ Glossar) – wird maßgeblich durch die Betriebszeit definiert. Diese basiert auf einer betrieblichen Entscheidung durch den Arbeitgeber und ist nicht mitbestimmungspflichtig. Um die Betriebszeit (→ Glossar) abzudecken, werden die individuellen Arbeitszeiten der Beschäftigten verteilt und aufeinander abgestimmt. Dies wird durch verschiedene Arbeitszeitformen wie z. B. verschobene bzw. überlappende Arbeitszeiten oder Wechselschichten erreicht. Hierbei hat der Betriebsrat ein Mitbestimmungsrecht laut §87 Betriebsverfassungsgesetz (BetrVG).

Arbeitswissenschaftliche Erkenntnisse

Gemäß §6 Abs. 1 ArbZG ist die Arbeitszeit von Beschäftigten in Nacht- und Schichtarbeit »nach den gesicherten arbeitswissenschaftlichen Erkenntnissen über die menschengerechte Gestaltung der Arbeit festzulegen«. Ziel ist es, die unweigerlich höhere Belastung durch Schicht- und besonders durch Nachtarbeit so gering wie möglich zu halten. Im Sinne des Arbeitsschutzes soll den Beschäftigten eine angemessene Zeit zur Erholung sowie zur Nutzung des Familien- und Freizeitlebens gewährleistet werden. Dies erhält ihre Gesundheit langfristig (Angerer/Petru 2010, Beermann 2005, Knauth 2007, Knauth/Schönfelder 1992, Schweflinghaus 2006).

Möglichst wenige aufeinander folgende Nachtschichten einplanen

Der Mensch ist tagsüber auf Aktivität und Arbeit, nachts auf Ruhe und Erholung ausgerichtet. Es ist wissenschaftlich erwiesen, dass sich der Tagesrhythmus nicht vollständig an Nachtarbeit anpassen kann, wenngleich viele Beschäftigte, die Nachtschicht arbeiten, subjektiv diesen Eindruck haben. Um dieser Desynchronisation (→ Glossar) entgegenzuwirken, wird empfohlen, eine möglichst kurze Nachtschichtfolge einzuhalten. Idealerweise sollen nicht mehr als drei oder vier Nachtschichten nacheinander gearbeitet werden. Je weniger Nachtschichten aufeinander folgen, desto eher gewöhnt sich der Mensch wieder an einen normalen Tagesablauf. Schlaf am Tag (z. B. nach einer Nachtschicht) hat erhebliche Nachteile gegenüber dem Nachtschlaf: Er ist weniger tief und kürzer. Daher entsteht bei einer längeren Nachtschichtfolge Schlafmangel, der wiederum zu verminderter Leistungsfähigkeit führen kann. Auch das Sozialleben wird durch zu viele aufeinander folgende Nachtschichten beeinträchtigt: Betroffene können an sozial nutzbaren Zeiten, wie z. B. den Abendstunden, nicht teilhaben. Dies beeinträchtigt sowohl das Familien- als auch das Freizeitleben.

Ausreichende Ruhezeit nach einer Phase von aufeinander folgenden Nachtschichten einhalten

Da Beschäftigte nachts – und somit zum Zeitpunkt ihres körperlichen Tiefs – Leistung erbringen, belastet Nachtarbeit in besonderem Maße. Um sich vollständig erholen zu können, sollte nach einer Nachtschichtphase eine möglichst lange arbeitsfreie Zeit folgen. Es wird empfohlen, eine mindestens 24-stündige Ruhephase nach einem längeren Arbeitsblock einzuhalten.

Wochenendfreizeit blockweise gestalten

Das Wochenende hat in unserer Gesellschaft einen hohen Stellen- und Nutzwert für Familie und Freizeit. Daher sollte darauf geachtet werden, dass Schichtsysteme möglichst häufig geblockte Wochenendfreizeiten beinhalten. Dabei besteht ein Wochenende aus zwei freien Tagen, von denen mindestens einer auf den Samstag oder den Sonntag fällt.

Mehrbelastung durch Freizeit ausgleichen

Die Belastung der Beschäftigten durch Nacht- und Schichtarbeit sowie gleichzeitig eine mögliche Mehrbelastung durch Mehrarbeit oder Überstunden sollten vorrangig durch Freizeit ausgeglichen werden. Dies garantiert eine angemessene Erholung und vermeidet eine zusätzliche Beeinträchtigung des Familienlebens und der Freizeit.

Ungünstige Schichtfolgen vermeiden

Langsame Rotationsgeschwindigkeit, Rückwärtsrotation, kurze Wechselzeiten sowie einzelne Freizeit- bzw. Arbeitstage wirken sich ungünstig auf die Schichtfolge aus. Diese Faktoren sollten daher unbedingt vermieden werden.

- Rotationsgeschwindigkeit
  Kurzrotierte Schichtsysteme wirken sich weniger negativ aus als langrotierte Systeme. Sie sollten daher bevorzugt werden. Lange Früh-

schichtfolgen führen durch frühe Anfangszeiten häufig zu Schlafmangel; lange Spätschichtfolgen erschweren durch ein spätes Arbeitsende den Kontakt zu Familie und Freunden; Nachtschichten haben oft Desynchronisation und ebenfalls Schlafmangel zur Folge.

- Rotationsrichtung
Vorwärtsrotierte Schichtsysteme (Früh/Spät/Nacht) sollten bevorzugt werden, da der Mensch sich besser daran gewöhnt – im Gegensatz zur Rückwärtsrotation (Früh/Nacht/Spät). In vorwärts rotierten Systemen berichten Beschäftigte insgesamt über weniger Beschwerden bezüglich der Schlafqualität und des allgemeinen Wohlbefindens.
- Ungünstige Schichtabfolge
Die Schichtabfolge Nacht/Frei/Früh sollte vermieden werden: Zwar gewährleistet sie gerade noch die minimale Ruhezeit von 24 Stunden; sie entspricht jedoch nicht der Empfehlung einer möglichst langen Ruhezeit nach Nachtschichten. Die freie Zeit in dieser Schichtabfolge dient überwiegend der Erholung, reine Freizeit bleibt jedoch kaum. Die Arbeitszeiten verdichten sich besonders stark, was unbedingt vermieden werden sollte.
- Einzelne Freizeit- und Arbeitstage im Schichtzyklus
Einzelne Arbeitstage unterbrechen Freizeitblöcke und beeinträchtigen somit die Möglichkeiten, sich ausreichend zu erholen und die Freizeit sinnvoll zu gestalten. Auch einzelne freie Tage bringen Nachteile mit sich: Sie unterbrechen zwar einen Arbeitsblock, bieten jedoch kaum Erholung. Beide Schichtabfolgen sollten daher möglichst vermieden werden.

Frühschichten nicht zu früh beginnen

Die Frühschicht sollte nicht zu früh beginnen. Es gilt: besser um 7 Uhr als um 6 Uhr bzw. besser um 6 Uhr als um 5 Uhr. Dafür sprechen folgende Gründe: Zum einen haben viele Beschäftigte lange Wegezeiten. Dadurch kann für sie die Frühschicht durch frühzeitiges Aufstehen zur halben Nachtschicht werden. Zum anderen ist der Nachtschlaf vor einer Frühschicht oft verkürzt, da der Zeitpunkt des Zu-Bett-Gehens nicht vorverlegt wird. Dies gilt vor allem für jüngere Beschäftigte.

Schichtwechselzeiten flexibel gestalten

Flexible Schichtwechselzeiten gewährleisten einen optimalen Arbeitsablauf und berücksichtigen dabei die Belange der Beschäftigten. Sie können beispielsweise an verschiedene Wegezeiten angepasst werden, um zu vermeiden, dass Beschäftigte mit langen Anfahrtswegen nachts aufstehen müssen. Wichtig ist in diesem Zusammenhang, dass Kollegen untereinander Schichten tauschen können – immer vorausgesetzt, dass die gesetzlichen Forderungen eingehalten werden.

Verdichtete Arbeitszeiten vermeiden

Bei der Schichtplangestaltung wird schnell deutlich: Lange Freizeitblöcke, die vor allem bei jungen Beschäftigten beliebt sind, sind nur möglich, indem andererseits sehr lange Arbeitsblöcke eingeplant werden. Dadurch verdichten sich die Arbeitszeiten, was eine überdurchschnittliche Belastung für den Menschen darstellt. Arbeitsphasen von acht oder mehr Arbeitstagen in Folge sollten deshalb vermieden werden. Ebenso sollte die Arbeitszeit an einem Tag begrenzt sein: Ein Arbeitstag sollte acht Stunden nicht wesentlich überschreiten, da das Unfallrisiko nach der achten bis neunten Arbeitsstunde erwiesenermaßen steigt.

Arbeitsbelastung bei der Schichtdauer berücksichtigen

Die Schichtlänge sollte an die Arbeitsinhalte sowie die körperliche und psychische Arbeitsbelastung der Beschäftigten angepasst sein. Nachtarbeit ist an sich belastender als Tagarbeit, weshalb eine Nachtschicht nicht länger dauern sollte als eine Früh- oder Spätschicht. Andererseits erweist es sich mitunter als sinnvoll, bei gering belastender Nachtarbeit, die z. B. teilweise Bereitschaftsdienst umfasst, die Schicht zu verlängern, um so die übrigen Schichten zu verkürzen und zu entlasten.

Schichtpläne vorhersehbar und überschaubar gestalten

Für Schichtarbeitende erweist es sich oft als kompliziert, das Familien- und Freizeitleben zu planen. Daher sollten einmal aufgestellte Pläne von Unternehmensseite eingehalten werden. Denn eine kurzfristige Umstellung, egal ob aus arbeitsorganisatorischen oder technischen Gründen, hat weitreichende Konsequenzen für Beschäftigte und ihre Familien. Änderungen sollten möglichst früh geplant und kommuniziert werden.

Schichtsysteme unter Mitsprache der Beschäftigten und des Betriebsrates gestalten und umsetzen

Häufig empfehlen Experten die Teilhabe bei der konkreten praktischen Arbeitszeitgestaltung. Diese sollte sich durch einen beteiligungsorientierten Prozess auszeichnen. Das bedeutet einerseits, dass die Interessenvertretung ihr Mitbestimmungsrecht wahrnimmt. Darüber hinaus sollten auch die von einer angestrebten Arbeitszeitumstellung betroffenen Beschäftigten möglichst früh und umfassend informiert werden und die neuen Arbeitszeiten mitgestalten können. Sie sollten grundsätzlich informiert werden über tarifliche und betriebsinterne Vereinbarungen, gesetzliche Vorgaben sowie arbeitswissenschaftliche Empfehlungen. So können a) persönliche Bedürfnisse und Gegebenheiten seitens der Beschäftigten sowie b) gesundheits- und familienförderliche Gesichtspunkte des Schichtsystems berücksichtigt werden.

Möglichst geringe Anzahl aufeinander folgender Spätschichten

Die Anzahl der aufeinander folgenden Spätschichten sollte möglichst gering sein. Wenngleich arbeitswissenschaftliche Veröffentlichungen dies nicht explizit fordern, gilt diese Erkenntnis in Fachkreisen als allgemein akzeptiert. Denn auch Spätschichten stören die wichtigen Zeiten für Familie und Freizeit oder auch für Weiterbildungsmöglichkeiten. Es sollten – wie bei den Nachtschichten – nicht mehr als vier Spätschichten in Folge gearbeitet werden.

2. Regelungsinhalte

2.1 Ziele und Absichten

Die ausgewerteten Vereinbarungen beziehen sich auf kontinuierliche Schichtsysteme und deren vielfältige Ausgestaltungsmöglichkeiten. Meist handelt es sich um Dreischichtsysteme (Früh-, Spät- und Nachtschichten) mit verschiedenen Schichtrhythmen und sich unterscheidender Rotationsdauer und -geschwindigkeit. Allen gemeinsam ist, dass an sieben Tagen in der Woche und somit 168 Wochenstunden gearbeitet wird. In den meisten Fällen ist diese Arbeitsform notwendig, da sie a) entweder dem Schutz der Bevölkerung dient – wie z. B. in Krankenhäusern, bei der Polizei oder der Feuerwehr – oder b) verlängerten Maschinenlaufzeiten und damit der besseren Ausnutzung der Maschinenkapazitäten, die durch erhöhte Kundennachfrage erforderlich sind. Damit einher geht oftmals die Sicherung bestehender Arbeitsplätze. Da an Wochenenden, d. h. auch an Sonn- und Feiertagen gearbeitet wird, liegt bei der Gestaltung kontinuierlicher Schichtarbeit der Fokus auf der Vereinbarkeit von Familie und Beruf (Work-Life-Balance) und auf dem Gesundheitsschutz. Daneben geht es natürlich auch darum, die Versorgung der Bevölkerung sicherzustellen, insbesondere die gesundheitliche Versorgung bzw. den Schutz von Leib und Leben.

In den meisten Vereinbarungen zu kontinuierlicher Schichtarbeit wird gefordert, dass die Betriebszeit und damit die Maschinenlaufzeiten optimal ausgenutzt werden. Es gilt, die Funktionsfähigkeit sowie die Kundenbetreuung aufrechtzuerhalten und so die Konkurrenz- und Wettbewerbsfähigkeit zu garantieren.

»Um die Aufrechterhaltung der Funktionsfähigkeit der Datennetze und Rechnersysteme sowie erforderliche Wartungsarbeiten sicherzustellen, ist ein kontinuierlicher ›7-Tage-24-Stunden-Betrieb‹ notwendig.«

⚷ Kreditgewerbe, 030100/181/1999

»Um die gestiegenen Kundenaufträge termingerecht beliefern zu können und damit auch zur Erhaltung der Wettbewerbsfähigkeit [...] macht sich die optimale zeitliche Auslastung der vorhandenen Maschinen und Anlagen verbunden mit der vorübergehenden Anwendung der 7-Tage-Arbeitswoche in einzelnen produktiven Bereichen erforderlich.«

⚷ Elektro, 030100/214/2002

Ziel ist es, die Beschäftigung zu sichern bzw. neue Arbeitsplätze zu schaffen. Dies ist mitunter eng an das Bestreben gebunden, die Wettbewerbsfähigkeit zu erreichen bzw. zu erhalten sowie die Investitionskraft zu steigern.

»Geschäftsleitung und Betriebsrat sind sich in der Einschätzung einig, dass Beschäftigungsabsicherung letztlich nur durch marktgerechte Produkte und konkurrenzfähige Produktionstechnik und -abläufe gefördert werden kann.«

⚷ Papiergewerbe, 030100/212/2000

Kontinuierliche Schichtarbeit wird vielfach eingeführt, um den Standort zu sichern und gleichzeitig Mehrarbeit sowie Überstunden und damit die einhergehende Überlastung der Beschäftigten zu reduzieren. Zudem lässt sich so der Personaleinsatz planbarer gestalten.

»Hierzu führt die Bank eine vollkontinuierliche Arbeitsweise ein, um bisher erforderliche Mehrarbeit und Mehrarbeitsbelastung zu vermeiden.«

⚷ Kreditgewerbe, 030100/181/1999

Aufgrund einer erweiterten Betriebszeit können sich die Anzahl der Schichten sowie die Schichtbelegschaften vergrößern. Dies wird ggf. gemäß den gesetzlichen Vorgaben festgelegt, um Verstöße gegen das ArbZG zu vermeiden und um die Arbeitszeiten gesundheitsverträglich zu gestalten. So können die Kosten dank verringerter Fehlzeiten reduziert werden.

»Zur weiteren Humanisierung der Arbeitsbedingungen in der Wechselschicht wird [...] das 5-Gruppen-Schichtmodell eingeführt.«
☛ Mineralölverarbeitung, 030100/390/1995

»Ziel dieser Betriebsvereinbarung ist die Steuerung des Mitarbeitereinsatzes in Schichtbetrieb, um die Ressourcen besser einzusetzen und zu planen und auf der anderen Seite die Belastungen der Mitarbeiter durch Schichtarbeit so gering wie möglich zu halten. Mit diesem neuen Schichtsystem erwarten die Betriebsparteien, daß Verstöße gegen das ArbZG vermieden werden. Betriebsrat und Geschäftsführung erwarten, dass mit dem geänderten Schichtsystem die krankheitsbedingten Fehltage reduziert werden können.«
☛ Mineralölverarbeitung, 030200/2234/2003

Die folgende Betriebsvereinbarung fasst mehrere relevante Aspekte zusammen.

»Die Arbeitsplätze sollen durch eine flexiblere und kostengünstigere Arbeitsplatzplanung gesichert, die gesundheitliche Belastung durch eine wissenschaftlich begründete Schichtfolge möglichst verringert, dem einzelnen Mitarbeiter, vor allem den bisherigen 4-Schicht-Reserve-Mitarbeitern, ein stetiger, über lange Zeit vorhersehbarer Arbeitseinsatzplan gewährleistet, die zusätzlichen Belastungen durch Mehrarbeit auf Ausnahmesituationen beschränkt und auf mehrere Schultern verteilt werden.«
☛ Papiergewerbe, 030100/375/2003

2.2 Geltungsbereich

Zahlreiche Betriebsvereinbarungen gelten ausdrücklich für alle Beschäftigten bzw. den gesamten Betrieb. Der Geltungsbereich kann aber auch auf Beschäftigtengruppen beschränkt werden.

»Diese Betriebsvereinbarung gilt für alle Mitarbeiterinnen und Mitarbeiter, die im pflegerischen Stationsdienst der [...] Klinik tätig sind.«

🗝 Gesundheit und Soziales, 030100/46/1995

Alternativ werden betroffene Beschäftigtengruppen genauer definiert bzw. ausgeschlossen.

»Die Betriebsvereinbarung gilt für alle Mitarbeiter [...] einschließlich kurzfristig Beschäftigter, studentischer Aushilfskräfte und geringfügig Beschäftigter, die im vollkontinuierlichen 5-Schicht-Betrieb tätig sind, nicht jedoch für leitende Angestellte.«

🗝 Mineralölverarbeitung, 030200/2066/2005

2.3 Zeitliche Rahmenbedingungen

2.3.1 Betriebszeiten

Betriebszeiten liegen generell im Ermessen des Arbeitgebers und werden von der Unternehmensleitung entschieden. Erst beim zweiten Schritt, wenn aufgrund der Betriebszeiten angemessene Schichtsysteme entwickelt und umgesetzt werden, kommt das Mitbestimmungsrecht der Interessenvertretung nach §87 BetrVG zum Tragen. Bei vollkontinuierlichen Schichtsystemen betragen die Betriebszeiten immer 24 Stunden an sieben Wochentagen und damit durchgehend 168 Stunden in der Woche. Daher sind die Angaben in den Betriebsvereinbarungen meist eindeutig, wenn auch unterschiedlich konkret formuliert.

»Ab 03.07.1995 wird kontinuierlich 7 Tage pro Woche produziert.«
⚷ Textilgewerbe, 030200/686/1995

Oft wird die Anzahl der Schichten genannt, um dadurch ausdrücklich von diskontinuierlichen Schichtsystemen abzugrenzen. Diese definieren sich durch weniger als 21 Schichten pro Woche. Eine Abgrenzung erfolgt vor allem dann, wenn diskontinuierliche Schichtsysteme zu vollkontinuierlichen Schichtsystemen ausgebaut werden.

»Mit Wirkung vom 01. Oktober 1995 werden die Anlagen vollkontinuierlich in 21 Schichten pro Woche genutzt.«
⚷ Gummi- und Kunststoffherstellung, 030200/716/1995

Die folgende Vereinbarung legt grundlegend eine 168-Stunden-Arbeitswoche fest.

»Mit dieser Betriebsvereinbarung wird das Schichtsystem für die 168 Stunden Maschinenlaufzeit/Woche in der Abteilung Spinnerei/Weberei festgelegt. Der Schichtplan, Anlage 1, ist Bestandteil dieser Vereinbarung.«
⚷ Textilgewerbe, 030100/128/1994

Als weitere Möglichkeit können Beginn und Ende der Betriebszeiten hinsichtlich der Wochentage und eventuell Uhrzeiten festgelegt werden. Dies gibt bereits einen Hinweis auf den Schichtzyklus.

»Durchgehende Arbeitsweise von Sonntag-Nachtschicht bis Sonntag-Spätschicht.«
⚷ Metallerzeugung und -bearbeitung, 030200/180/1997

Bei vollkontinuierlicher Schichtarbeit müssen die Beschäftigten auch an Sonn- und möglicherweise Feiertagen arbeiten, was nach dem ArbZG zunächst nicht erlaubt ist. Denn der Zweck des ArbZG liegt nicht nur darin, Sicherheit und Gesundheitsschutz der Arbeitnehmer zu gewährleisten, sondern auch den Sonntag und die Feiertage als Tage der Arbeitsruhe zu schützen (§ 1 ArbZG). Ausnahmen sind in bestimmten Branchen zulässig (§ 10 ArbZG): vor allem in Bereichen, die zum Schutz und für die Versorgung der Bevölkerung aufrechterhalten werden müssen oder dem sozialen und gesellschaftlichen Leben dienen. Unternehmen, die nicht zu den genannten Bereichen zählen, können behördlich die Genehmigung zur Sonntagsarbeit beantragen – entweder vorübergehend oder dauerhaft. Hinweise auf Genehmigungsverfahren oder -ergebnisse fanden sich nur in wenigen Betriebsvereinbarungen. In der folgenden wird begründet, weshalb die Genehmigung zur Sonntagsarbeit eingeholt wird. Offensichtlich ist hier der Genehmigungsprozess noch nicht abgeschlossen.

»Aufgrund der in der Rahmenbetriebsvereinbarung Standortsicherung vom 27.06.2006 vereinbarten Inhalte wird jetzt nach Einleitung der notwendigen Investitionen mit dieser Betriebsvereinbarung die Ausgestaltung der arbeits- und betriebsverfassungsrechtlichen Regelungen für die Standorte beider Gesellschaften definiert – vorbehaltlich der noch einzuholenden Zustimmung der Bezirksregierungen [...], um ab dem 01.01.2007 in Engpassbereichen und an kapitalintensiven Maschinen und Anlagen einen kontinuierlichen Schichtbetrieb – kurz Vollkonti-Schichtbetrieb – einzuführen.«
  ⚬— MASCHINENBAU, 030100/334/2006

Nachstehend wurde die Bewilligung bereits erteilt. Zudem wird hier die zuständige Behörde erwähnt.

»Die rechtsgültige Bewilligung des Regierungspräsidiums Darmstadt vom 29.06.95 zur vollkontinuierlichen Anlagennutzung und zur Regelung der Arbeitszeit ist Grundlage dieser Betriebsvereinbarung.«
  ⚬— GUMMI- UND KUNSTSTOFFHERSTELLUNG, 030200/716/1995

2.3.2 Tägliche, wöchentliche und jährliche Arbeitszeiten

Tägliche Arbeitszeiten
Laut § 3 ArbZG darf die tägliche Arbeitszeit generell acht Stunden nicht überschreiten. Sie kann allerdings auf bis zu maximal zehn Stunden verlängert werden, wenn sie innerhalb von 24 Wochen auf durchschnittlich acht Stunden ausgeglichen wird. Dies gilt auch für Nacht- und Schicht-

arbeit. Bei Nachtarbeit muss ein Ausgleich auf durchschnittlich acht Stunden jedoch innerhalb eines Monats bzw. vier Wochen erfolgen (§ 6 Abs. 2 ArbZG).

»Soweit im Schichtbetrieb möglich, kann auch die tägliche Arbeitszeit bis zur Grenze von zehn Stunden [...] ausgedehnt werden.«

⚬ MINERALÖLVERARBEITUNG, 030200/2066/2005

Generell wichtig für Beschäftigte in jeder Form von Schichtarbeit ist eine verlässliche und planbare Arbeitszeit. Dies ist in den arbeitswissenschaftlichen Empfehlungen zur Gestaltung von Nacht- und Schichtarbeit festgelegt. Bei kontinuierlicher Schichtarbeit sind die 24 Stunden eines Tages häufig in drei Achtstundenschichten unterteilt, wobei die Wechselzeitpunkte zwischen den Schichten traditionell bei 6 Uhr, 14 Uhr und 22 Uhr liegen. Abbildung 1 zeigt dieses gängige Muster. Die Uhrzeiten können sich geringfügig verschieben, wenn z. B. Übergabezeiten eingeplant sind.

6:00 – 14:00	14:00 – 22:00	22:00 – 6:00
Frühschicht	Spätschicht	Nachtschicht

***Abbildung 1:** 8-Stunden-Schichten*

In den Betriebsvereinbarungen werden diese Zeiten häufig präzise aufgeführt.

»Arbeitszeit-Rhythmus: Beginn und Ende der täglichen Arbeitszeit: Frühschicht = 06.00–14.00 Uhr, Spätschicht = 14.00–22.00 Uhr, Nachtschicht = 22.00–06.00 Uhr.«

⚬ PAPIERGEWERBE, 030100/4/1996

Nicht immer ist die Arbeitszeit so präzise beschrieben. Mitunter wird die Anzahl der Schichten und Schichtbelegschaften geregelt.

»In Vollkontibereichen mit einer Betriebszeit von 21 Schichten pro Woche ist nach Schichtplänen mit 4 oder 5 Schichtbelegschaften zu verfahren. Dabei sollen vorrangig 5-Schicht-Modelle zur Anwendung kommen.«

☞ Metallerzeugung und -bearbeitung, 030100/356/2000

Seltener finden sich komplexe Regelungen wie die folgende. Die einzelnen Schichten sind vor allem aufgrund der langen Übergabezeit zwischen Früh- und Spätschicht länger als acht Stunden. Nur am Sonntag ist die Frühschicht mit sieben Stunden recht kurz und die Übergabezeit zur Spätschicht verringert sich entsprechend. Aufgrund dieser Regelung beginnt die freie Zeit für die Beschäftigten in der Frühschicht am Sonntag zwei Stunden früher – ein sozialer Aspekt. Derart unterschiedliche Zeiten sollten zur besseren Verständlichkeit in einer Vereinbarung auch grafisch dargestellt werden. Bei folgender Vereinbarung ist dies in Form einer Anlage geschehen.

»Frühdienst: Montag bis Samstag: 06.00–15.00 Uhr = 9 Stunden, Sonntag: 06.00–13.00 Uhr = 7 Stunden. Spätdienst: 12.45–21.15 Uhr = 10 1/2 Stunden. Nachtdienst: 21.00–06.15 Uhr = 9 1/4 Stunden.«

☞ Öffentliche Verwaltung, 030100/29/1989

Die 24 Stunden des Tages können theoretisch auch in vier Sechsstundenschichten aufgeteilt werden. Dies wird jedoch insgesamt selten, in den vorliegenden Vereinbarungen gar nicht gehandhabt. Häufiger hingegen finden sich zwei Zwölfstundenschichten, was bei der folgenden Regelung vermutlich der Fall ist.

»Der Dienst wird in zwei Schichten, Tagschicht und Nachtschicht, geleistet.«

☞ Öffentliche Verwaltung, 030100/93/1996

Vielfach wird bei der täglichen Arbeitszeit zwischen Werktagen und Wochenende unterschieden. Hiermit wird den Bedürfnissen der Beschäftigten nach mehr Wochenendfreizeit entsprochen, meist durch längere Wochenendschichten bzw. durch eine andere Lage dieser Schichten. Unberücksichtigt bleiben hier die besonderen Belastungen durch die längeren Schichten, insbesondere durch Nachtschichten. Zum einen sollten Nachtschichten nur verlängert werden, wenn die Arbeitsbelastung geringer als am Tag ist. Zum anderen ist zu beachten, dass bestimmte Richtwerte, z. B. die Werte für die Maximale Arbeitsplatz-Konzentration (MAK-Werte) in der Regel für einen Achtstundentag ausgelegt sind. Die Grenzwerte dürfen nicht überschritten werden.

Die Kombination von unterschiedlichen Schichtlängen findet sich in den Vereinbarungen häufiger. Beispielsweise werden von Montag bis Samstag 8-Stunden-Schichten gefahren, während der Sonntag mit zwei 12-Stunden-Schichten abgedeckt wird. Dies ist mit behördlicher Genehmigung nach dem ArbZG (§ 12 Abs. 4) möglich, um den Beschäftigten mehr freie Sonntage zu ermöglichen. Abbildung 2 zeigt ein solches Schema.

Montag – Samstag	6:00 – 14:00	14:00 – 22:00	22:00 – 6:00
	Frühschicht	Spätschicht	Nachtschicht
Sonntag	6:00 – 18:00	18:00 – 6:00	
	Tagschicht	Nachtschicht	

Abbildung 2: *8- und 12-Stunden-Schichten über eine Woche*

Ein ebensolches Muster beschreibt die folgende Vereinbarung.

»Die MitarbeiterInnen arbeiten an den Wochentagen von Montag bis Samstag mit einer Anwesenheitszeit von jeweils 8 Stunden in einer Früh-, Spät- und Nachtschicht [...] und am Sonntag in einer Früh- und Nachtschicht mit 12 Stunden Anwesenheitszeit [...].«

                             ⚬⎯ FAHRZEUGHERSTELLER KRAFTWAGEN, 030100/343/2007

Die oft anzutreffende Sonderregelung des Sonntags wird durch das ArbZG erlaubt. Vielfach werden zudem die benötigten Schichten benannt.

»Die Früh- und Nachtschicht umfassen jeweils 1 Sonntagsschicht zu 12 Stunden. Die Gesamtstundenzahl beträgt 168 Stunden in 20 Schichten.«

                                       ⚬⎯ MINERALÖLVERARBEITUNG, 030100/390/1995

Längere Schichten werden auch für beide Tage des Wochenendes vereinbart.

»Montag bis Freitag: Frühschicht 06.00 bis 14.00 Uhr, Spätschicht 14.00 bis 22.00 Uhr, Nachtschicht 22.00 bis 06.00 Uhr [...] Samstag und Sonntag: Tagschicht 06.00 bis 18.00 Uhr, Nachtschicht 18.00 bis 06.00 Uhr [...].«

⚿ CHEMISCHE INDUSTRIE, 030100/67/1997

Die genannten Begrenzungen der täglichen Arbeitszeit gelten für Schichten mit Vollarbeitszeit. Längere Schichten sind möglich, wenn Arbeitsbereitschaft oder Bereitschaftsdienst vorliegen (§ 7 Abs. 1 Nr. 4 ArbZG). Solche Arbeitszeiten gibt es häufig in Form von 24-Stunden-Diensten für Ärzte in Krankenhäusern am Wochenende sowie bei Rettungsleitstellen, Werksfeuerwehren oder Wachdiensten. Aufgrund des ArbZG darf in Verbindung mit Bereitschaftsdienst der Anteil der Vollarbeit acht Stunden am Tag nicht überschreiten. Näheres ist in den entsprechenden Tarifverträgen geregelt.

Abbildung 3 zeigt beispielhaft die Anteile an Bereitschaftsdienst vor und nach einer Phase von Vollarbeit in einem 24-Stunden-Dienst.

6:00 bis 6:00		
24-Stunden-Schicht mit Bereitschaftsdienstanteilen		
6:00 bis 8:00	8:00 bis 16:00	16:00 bis 6:00
Bereitschaft	Vollarbeit	Bereitschaft

Abbildung 3: 24-Stunden-Schichten

Im folgenden Beispiel unterscheiden sich die Anteile von Arbeitszeit und Nicht-Arbeitszeit zwischen den Werktagen und den Sonn- und Feiertagen. An Letzteren ist lediglich eine Stunde Arbeitszeit vorgesehen und das bei einer Anwesenheit am Arbeitsplatz von insgesamt 24 Stunden.

»Die 24-Std.-Schicht teilt sich von Montag bis Samstag beginnend mit 8 Stunden Arbeitszeit, 8 Stunden Arbeitsbereitschaft und 8 Stunden Bereitschaftsruhe auf. An Sonn- und Feiertagen beträgt die Arbeitszeit in der 24-Std.-Schicht 1 Stunde. Die restliche Zeit ist Arbeitsbereitschaft und Bereitschaftsruhe.«

🔑 Unternehmensbezogene Dienstleistungen, 010306/22/2008

In Tarifverträgen ist in der Regel niedergeschrieben, zu welchem Prozentsatz Bereitschaftsdienste vergütet werden. Dies kann jedoch auch über eine Betriebsvereinbarung geregelt werden.

»Die Arbeitszeit der Nachtschicht wird durch eine Bereitschaftszeit unterbrochen. Sie beträgt 6 Stunden für angestellte Dienstkräfte und 4,5 Stunden für verbeamtete Dienstkräfte. Die Bereitschaftszeit wird zu 50% als Arbeitszeit angerechnet. Während der Bereitschaftszeit darf das Wachareal nicht verlassen werden. Die Dienststelle stellt Ruheräume zur Verfügung.«

🔑 Öffentliche Verwaltung, 030100/93/1996

Wöchentliche Arbeitszeiten
Auch die wöchentliche Arbeitszeit wird durch das ArbZG geregelt. Es bestehen folgende Grenzen: durchschnittlich 48 Stunden, maximal 60 Stunden pro Woche bei Ausgleich auf durchschnittlich 48 Stunden innerhalb von 24 Wochen. Bei Nachtarbeitskräften ist der Ausgleichszeitraum auf vier Wochen verkürzt. Je nach Tarifvertrag kann in einer Betriebs- oder Dienstvereinbarung ein anderer (längerer) Ausgleichszeitraum zulässig sein. Aus der Länge der täglichen Arbeitszeit (Schichtlänge) sowie der Anzahl der in einem Schichtplan vorgesehenen Schichten über einen Schichtzyklus ergibt sich die durchschnittliche individuelle Wochenarbeitszeit. Diese wird in den folgenden Beispielen genau festgelegt.

»Die tarifliche regelmäßige wöchentliche Arbeitszeit beträgt weiterhin 35 Stunden/Woche.«

🔑 Maschinenbau, 030100/334/2006

Gerade bei belastenden Tätigkeiten ist es sinnvoll, den gesetzlich möglichen Rahmen nicht voll auszuschöpfen.

»Die durchschnittliche wöchentliche Höchstarbeitszeit pro Mitarbeiterin soll 45 Stunden nicht überschreiten.«
⚷ Textilgewerbe, 030200/686/1995

Stimmt die tariflich vereinbarte Wochenarbeitszeit nicht durchgehend mit der sich durch den Schichtplan ergebenen Arbeitszeit überein, muss ein Ausgleich geschaffen werden (vgl. Kapitel 2.5.1).

»Die Vollkontinuierliche Betriebszeit von 168 (7x24) Stunden in der Woche hat bei der Bildung von fünf Schichtgruppen eine Basisarbeitszeit von 33,6 (168,5) Wochenstunden je Schichtgruppe zur Folge. Die tarifliche Arbeitszeit von 37,5 Stunden wird durch Ausgleichsschichten erreicht.«
⚷ Chemische Industrie, 030100/327/2008

Jahresarbeitszeit
Vielfach werden Ausgleichsregelungen und -schichten auch auf der Grundlage von Jahresarbeitszeiten errechnet. Dies ist besonders von Bedeutung, wenn Ausgleichsschichten bereits im Jahresschichtplan eingetragen werden.

»Die Parteien sind sich einig, dass dem Schichtplan die 38-Stunden-Woche, eine tarifliche Jahresarbeitszeit von 1983,6 Std. sowie ein Arbeitszeit-Verteilungszeitraum von 12 Monaten zugrunde liegen. Daraus ergibt sich eine tarifliche Arbeitszeitregelung (Bezahlungsanspruch) für 216 zu leistende Schichten und zusätzlich für 32 Urlaubsschichten. Im jährlich zu erstellenden Schichtplan ergeben sich für die einzelnen Schichten, abhängig von der Lage der einzelnen Schichtzyklen und von Schaltjahren usw., ca. 215 bis 225 zu leistende Schichten.«
⚷ Papiergewerbe, 030100/4/1996

»Zur Erfüllung der tariflichen Arbeitszeit von 1955 Stunden wird die Differenz zu den Planschichten von 1752 Stunden pro Jahr gebildet; das sind pro Kalenderjahr 203 Stunden (24 Ausgleichsschichten). Die Summe der Planschichten [...] ergeben insgesamt 233 Arbeitsschichten pro Kalenderjahr, die im Schichtplan zu berücksichtigen sind.«

        ⌾ MINERALÖLVERARBEITUNG, 030100/390/1995

2.3.3 Abfolge der Schichten, Schichtpläne

Die Abfolge der Schichten in vollkontinuierlichen Schichtsystemen kann von sehr langen Folgen gleicher Schichten bis hin zu einem sehr kurzen Wechsel gleicher Schichten variieren. Nach den arbeitswissenschaftlichen Empfehlungen ist ein kürzerer Wechsel vorzuziehen, vor allem was die Anzahl aufeinander folgender Nachtschichten betrifft. Demnach sollten nicht mehr als drei Nachtschichten in Folge gearbeitet werden. Durchaus üblich, wenn auch nicht zeitgemäß, sind wöchentliche Schichtwechsel von jeweils sieben Tagen Früh-, Spät- und Nachtschichten, worauf dann eine Freischichtwoche folgt.

»Die Einteilung der Schichten erfolgt vorschlagsweise im wöchentlichen Wechsel Früh-/Mittel-/Nachtschicht/Freiwoche.«

        ⌾ ELEKTRO, 030100/214/2002

Ein solcher Schichtplan ist bei vielen Beschäftigten aufgrund der Freiwoche beliebt. Diese resultiert jedoch aus 21 Arbeitstagen in Folge. Arbeitswissenschaftler warnen davor: Denn ein Großteil dieser Freizeit ist als Erholzeit notwendig und kann nicht als reine Freizeit eingestuft werden. Außerdem ist nicht auszuschließen, dass diese lange Freizeitphase auch für einen Nebenjob genutzt wird und damit den eigentlichen Zweck nicht erfüllt. Überlastung und gesundheitliche Probleme können die Folge sein.

Aus ergonomischer Sicht ist ein kürzerer Wechsel zwischen den Schichten vorzuziehen, wie im folgenden Beispiel. Hier folgen maximal drei Schichten gleicher Art aufeinander, nach insgesamt sieben Tagen Arbeitszeit folgt mindestens eine Freischicht. Die Abfolge in den ersten vier Wochen zeigt ein »klassisches« vollkontinuierliches Schichtsystem, das durch eine fünfte Woche mit so genannten Dispo-Schichten ergänzt wurde. Diese beginnen am Sonntag der vierten Woche und enden am Samstag der fünften Woche.

»Ein vollständiger Schicht-Zyklus umfasst 35 Tage und den folgenden Ablauf: 1112233FFF1122333FF1122233FDDDDDDDF; 1=Frühschicht / 2=Spätschicht / 3=Nachtschicht / F=Freischicht / D=Dispo-Schicht. Der Schicht-Zyklus beginnt danach erneut und wiederholt sich kontinuierlich in gleicher Weise.«
☛ Papiergewerbe, 030100/4/1996

Es ist ratsam, in der Vereinbarung klarzustellen, an welchem Wochentag ein Schichtzyklus beginnt. Dies wirkt sich auf freie Wochenenden aus. Im obigen Beispiel beginnt der Schichtzyklus mit einer Frühschicht am Freitag, was sich aus der folgenden Formulierung ergibt.

»Die drei freien Tage nach der ersten Periode von 7 Arbeitstagen werden auf die Wochentage Freitag, Samstag und Sonntag gelegt.«
☛ Papiergewerbe, 030100/4/1996

Damit ist innerhalb von fünf Wochen auf jeden Fall zumindest ein langes freies Wochenende gewährleistet. Fällt der Einsatz in einer Dispo-Schicht nicht auf einen Samstag oder Sonntag, so ergibt sich zusätzliche freie Zeit an einem Wochenende.
Ein Schichtmodell sollte vorhersehbar und übersichtlich sein. Die Grundlage hierfür könnte bereits die Betriebsvereinbarung bieten, indem dort die Abfolge der Schichten über den Schichtzyklus tabellarisch oder grafisch dargestellt wird. Vielen Vereinbarungen werden Schichtmodelle als Anlage beigefügt.

»Ein Schichtplan liegt dieser Betriebsvereinbarung als Anlage 1 bei und ist Bestandteil dieser Betriebsvereinbarung.«
☛ Mineralölverarbeitung, 030200/2066/2005

Durch die Einführung von Dispo-Schichten ist zum einen eine zuverlässige Vertretungsregelung gewährleistet.

»Drei Schichtmannschaften decken Früh-, Spät- und Nachtschicht ab. Eine Schichtmannschaft hat planmäßig frei, während die 5. Schichtmannschaft im so genannten Dispo-Zeitraum für eventuelle Vertretungseinsätze zur Verfügung steht.«

⚬⃗ Verlags- und Druckgewerbe, 030100/333/2004

Zum anderen kann so die durchschnittliche wöchentliche Arbeitszeit der Beschäftigten an die tariflich vereinbarte Wochenarbeitszeit angepasst werden. Denn innerhalb der regulären Schichten erreichen die Beschäftigten nur 33,6 Stunden pro Woche, wie im Folgenden beschrieben.

»Ein vollständiger Schichtzyklus umfasst 5 Wochen und beginnt danach wieder erneut. Nach 5 Wochen entsteht im Durchschnitt eine Wochenarbeitszeit von 33,6 Stunden, das bedeutet, dass nach 5 Wochen eine Disposchicht geleistet werden muss.«

⚬⃗ Verlags- und Druckgewerbe, 030100/333/2004

Welche Schichtarten aufeinander folgen, wird mit der Rotationsrichtung bestimmt: Eine Vorwärtsrotation bedeutet die Schichtabfolge Früh/Spät/Nacht; rückwärts rotiert das Schichtsysteme bei Früh/Nacht/Spät. Alternativ lautet die Formulierung: ein Schichtsystem »rolliert« vorwärts oder rückwärts. Die zuletzt genannte Vereinbarung ist ein Beispiel für vorwärts rollierende Schichten, wie sie aus arbeitswissenschaftlicher Sicht empfohlen wird: Spätschicht folgt auf Frühschicht und Nachtschicht folgt auf Spätschicht. Dieses Merkmal wird in den Vereinbarungen teils ausdrücklich erwähnt.

»Das Schichtsystem ist ein vorwärtsrollierendes System.«

⚬⃗ Chemische Industrie, 030100/327/2008

Beispiele für Rückwärtsrotationen (Früh/Nacht/Spät) bei kurzen Wechseln fanden sich in den vorliegenden Vereinbarungen nicht.

2.3.4 Pausen

Der Betriebsrat hat ein Mitbestimmungsrecht bezüglich der Pausenregelung. Sowohl der Arbeitgeber als auch die Interessenvertretung haben die Aufgabe, die Pausen der Beschäftigten angemessen zu regeln und die Vorgaben des ArbZG zugrunde zu legen. Laut § 4 ArbZG muss die Arbeit durch Pausen unterbrochen werden, um Erholung zu gewährleisten und die Leistung zu erhalten. Damit ist eine Pause am Beginn oder am Ende einer Schicht nicht sinnvoll.

»Die Pausen können nicht an den Beginn oder das Ende einer Schicht gelegt werden.«

⚬── Chemische Industrie, 030100/327/2008

Laut ArbZG dürfen Arbeitskräfte nicht länger als sechs Stunden zusammenhängend ohne Ruhepause beschäftigt werden. Bei einer Arbeitszeit von mehr als sechs bis zu neun Stunden muss nach dem ArbZG eine mindestens 30-minütige, im Voraus feststehende Ruhepause eingelegt werden. Ist die Arbeitszeit länger als neun Stunden, bedarf es einer Ruhepause von mindestens 45 Minuten. In Betriebsvereinbarungen müssen Pausenregelungen, die dem Gesetz entsprechen, nicht eigens erwähnt werden. Im Folgenden wird jedoch eine besondere Regelung des ArbZG übernommen und deutlich formuliert: Pausen können in Zeitabschnitte von 15 Minuten Dauer untergliedert werden. Das kann bei bestimmten Arbeitsprozessen sinnvoll sein, da erwiesenermaßen im ersten Abschnitt der Pause die Erholung schneller voranschreitet als im zweiten Abschnitt. Diese kürzeren Pausenabschnitte werden hier festgelegt. Zudem wird darauf hingewiesen, in welcher Phase des Arbeitsprozesses diese Pausen genommen werden sollen.

»Die gesetzlich vorgeschriebene Ruhepause von 30 Minuten pro Schicht wird in Form von 2 Kurzpausen zu je 15 Minuten gewährt, welche während ablaufbedingter Wartezeiten (z. B. längere Mischphasen/Vakuumphasen) zu nehmen sind.«

⚬── Chemische Industrie, 030100/327/2008

Pausen sollten im Voraus feststehen. Damit sind sie sowohl für die betrieblichen Abläufe als auch für die Beschäftigten planbar. Sowohl ihre zeitliche Vorhersehbarkeit als auch die freie Verfügbarkeit der Pausenzeit können den Erholungswert steigern.

»In jeder Schicht ist eine Pause von 30 Minuten eingerechnet. Die jeweilige Pause kann selbsttätig innerhalb des vorgesehenen Pausenkorridors in Abstimmung mit den stationsinternen Belangen genommen werden.«
👉 FORSCHUNG UND ENTWICKLUNG, 030100/274/2007

Überlange Pausenzeiten würden die Anwesenheit der Beschäftigten am Arbeitsplatz verlängern und die arbeitsfreie Zeit für Erholung, Familie und soziale Aktivitäten verkürzen. In den vorliegenden Vereinbarungen werden längere Pausenzeiten festgelegt, wenn die Schichten mehr als acht Stunden betragen: Beispielsweise werden sie bei Zwölfstundenschichten um 15 Minuten auf eine Stunde verlängert. Damit berücksichtigt der Arbeitgeber die höhere Belastung durch eine lange Arbeitszeit und erfüllt seine Fürsorgepflicht gegenüber den Beschäftigten.

»In jeder Schicht wird eine arbeitsfreie Pause von einer Stunde gewährt.«
👉 UNTERNEHMENSBEZOGENE DIENSTLEISTUNGEN, 030100/284/2008

Die unterschiedliche Lage der Schichten am Tag bedeutet eine unterschiedliche Belastung für Betroffene: Eine Frühschicht ähnelt eher einer Normalschicht; eine Spätschicht beeinträchtigt vorrangig das Sozialleben; eine Nachtschicht belastet physisch und psychisch. Ist die Nachtschicht zudem länger als Früh- oder Spätschicht, ist es besonders empfehlenswert, die Pausenlänge abhängig von der jeweiligen Schicht und ihren spezifischen Belastungen zu gestalten.

»Die Arbeitszeiten auf den Stationen: Frühdienst: 6.00–14,30 Uhr, 8 Stunden, 30 Minuten Pause (zwischen 8–10 Uhr); Zwischendienst: 7,30–15,30 Uhr, 7,5 Stunden, 30 Minuten Pause (zwischen 11,30 Uhr–13,30 Uhr); Spätdienst: 14,00–20,00 Uhr, 6 Stunden, keine Pause; Nachtdienst: 19,30–6,15 Uhr, 10 Stunden, 45 Min. Pause (zwischen 23,30 Uhr und 1,45 Uhr).«

⚬── Gesundheit und Soziales, 030100/46/1995

Die folgende Einrichtung eines Pausenkorridors im Nachtdienst scheint jedoch weniger dem Wohl der Beschäftigten geschuldet zu sein als einer möglichen Inanspruchnahme.

»Die Pausen werden wie folgt festgesetzt: Frühdienst-Pause: 12.00 Uhr bis 12.30 Uhr; Spätdienst-Pause: 16.30 Uhr bis 17.00 Uhr; Nachtdienst-Pausenkorridor: 1.00 Uhr bis 4.00 Uhr; 30 Minuten oder zwei Blöcke à 15 Minuten Pause.«

⚬── Gesundheit und Soziales, 030100/201/1999

Bei kontinuierlicher Schichtarbeit werden die Pausenzeiten häufig auf die Arbeitszeit angerechnet und bezahlt.

»Die Schichten beinhalten eine Pausenzeit von 30 Minuten, die als Arbeitszeit angerechnet wird.«

⚬── Datenverarbeitung u. Softwareentwicklung, 030100/330/2007

Bisweilen wird das Gegenteil geregelt.

»Die betrieblichen Pausenzeiten sind keine Arbeitszeit.«

⚬── Chemische Industrie, 030200/2128/2004

Mitunter werden Pausen nur zum Teil bezahlt. Um eine Übergabezeit zwischen den Schichten einzurichten, wird nachstehend die Pause auf 45 Minuten ausgedehnt und die Anwesenheitszeit damit um 15 Minuten verlängert.

»Die Dauer der Pause beträgt insgesamt 45 Minuten pro Schicht. Gemäß §8.8 MTV [...] werden davon 30 Minuten pro Schicht bezahlt.«

⚬── Mess-, Steuer- und Regelungstechnik, 080105/66/2001

Kurzpausen bei Schichtarbeit

Nach § 7 ArbZG dürfen »in einem Tarifvertrag oder aufgrund eines Tarifvertrags in einer Betriebs- oder Dienstvereinbarung« Abweichungen zugelassen werden. Für Schichtbetriebe gilt in diesem Zusammenhang ausdrücklich, dass Pausen in Kurzpausen von angemessener Dauer aufgeteilt werden können. Der Gesetzgeber definiert nicht, was unter »angemessen« zu verstehen ist. In jedem Fall sind es weniger als 15 Minuten, da eine solche Aufteilung bereits nach § 4 Satz 2 möglich ist. Hintergrund ist eine zeitversetzte Pausenregelung, wenn nicht alle Arbeitskräfte einer Schichtbelegschaft gemeinsam Pause machen können. Laut Anzinger/Koberski (2005) ist eine kurzzeitige Erholung bereits bei Arbeitsunterbrechungen von 3 bis 5 Minuten möglich. Gemäß anderen Kommentaren (z. B. Schliemann u. a. 1997) sind mindestens fünf Minuten Pausenzeit notwendig. Gleichzeitig muss mindestens eine dieser Arbeitsunterbrechungen die erforderlichen Merkmale einer Pause aufweisen: z. B. Erreichen der Pausenräume, Möglichkeit der Nahrungsaufnahme etc. Die Aufteilung in Kurzpausen darf auf keinen Fall die Gesamtlänge der Pausen verkürzen. Die folgende Vereinbarung verweist auf die gesetzlichen und tariflichen Vorschriften.

»Während der 8-stündigen Anwesenheit werden bezahlte Kurzpausen nach den gesetzlichen und tariflichen Vorschriften gewährt.«

⌾ Papiergewerbe, 030100/395/2007

Bezüglich der Möglichkeit, die Pausen als eine Arbeits- oder Rufbereitschaft einzurichten, bestehen zwei unterschiedliche Sichtweisen: Einerseits sind Pausen nach Urteilen des BAG als »Unterbrechungen der Arbeitszeit« definiert, in denen Beschäftigte weder Arbeit leisten noch sich zur Arbeit bereithalten müssen. Andererseits verbietet das ArbZG nicht ausdrücklich Bereitschaftsdienst oder Ruhezeit während einer Pause (Anzinger/Koberski 2005). In der Praxis wird Abrufbereitschaft während der Pausenzeit durchaus vereinbart, auch wenn ansonsten der Pausencharakter betont wird. Mitunter werden bereits von vornherein Unterbrechungen der Pause erwartet, z. B. bei Notfällen o. a. Problemen. Dies macht eine Pause zu einer Art Bereitschaftszeit, die die Erholung nicht unbedingt fördert.

»Die Mitarbeiter/-innen nehmen ihr Telefon mit in die Pause, um bei Problemen ggf. ihre Pause zu unterbrechen und an den Arbeitsplatz zurückzukehren.«
◦→ Datenverarbeitung u. Softwareentwicklung, 030100/330/2007

Im Sinne des Arbeits- und Gesundheitsschutzes sollten Pausen so gestaltet sein, dass Beschäftigte sich in dieser Zeit tatsächlich erholen, besonders bei Nacht- und Schichtarbeit. Unterstützend wirkt sich dabei aus, wenn der Arbeitsplatz tatsächlich verlassen wird.

»Die Ruhepause darf nicht am Arbeitsplatz (z. B. im Hauptkontrollraum, an Überwachungskonsolen u. Ä.) gemacht werden. Sie darf nur in Notfällen unterbrochen werden.«
◦→ Forschung und Entwicklung, 030100/394/2006

2.3.5 Ruhezeiten

Eine ausreichende Ruhezeit nach Beendigung der täglichen Arbeitszeit ist für den Gesundheitsschutz der Beschäftigten von großer Bedeutung. Die vom ArbZG vorgegebene Ruhezeit von mindestens elf Stunden zwischen den Schichten sichert den Beschäftigten Gelegenheit zu Erholung, Ruhe und Regeneration. Zudem soll Zeit für persönliche Angelegenheiten wie z. B. Familienleben und Freizeitaktivitäten bleiben. In Schichtsystemen ist diese Regelung besonders zu beachten, denn nicht jede Schichtabfolge erfüllt diese Vorgabe. Wird z. B. in einem Schichtsystem mit klassischen Zeiten von einer Frühschicht am selben Tag in eine Nachtschicht gewechselt, bleiben nur acht Stunden zwischen den Schichten. Ein derart kurzer Wechsel ist gesetzlich nicht erlaubt. Ähnlich wie bei anderen Vorgaben des ArbZG ist es nicht unbedingt notwendig, dass die Einhaltung der elfstündigen Ruhezeit in der Vereinbarung erneut betont wird. Nachstehend werden abweichende Schichtfolgen thematisiert, die im Einvernehmen mit den Betroffenen möglich sind. An dieser Stelle ist es sinnvoll, auf die Einhaltung der Ruhezeit hinzuweisen.

»Die Schichtpläne enthalten die verbindlichen Schichtzeiten, die Schichtart und die namentliche Zuordnung zu den Schichten, wobei im Einzelfall abweichende personelle Dispositionen im Einvernehmen mit den betroffenen Mitarbeitern unter Einhaltung der 11-stündigen Ruhepause nach AZO [Arbeitszeitordnung; Vorläufer des ArbZG] bis zum jeweiligen Schichtbeginn möglich sind.«

◔⊸ FORSCHUNG UND ENTWICKLUNG, 030100/394/2006

Bei Ausnahmenregelungen sind eindeutige Formulierungen sinnvoll, auch wenn sie im Gesetz bereits vorgesehenen sind. Die folgende Vereinbarung stammt aus dem Bereich Gesundheit und Soziales. Daher greift die gesetzliche, Ausnahmeregelung, die tarifvertraglich geregelt werden muss: Gemäß § 5 Abs. 2 ArbZG darf die gesetzliche Ruhezeit um eine Stunde auf mindestens zehn Stunden Ruhezeit verkürzt werden. Es wird jedoch nicht erwähnt, dass diese verkürzte Ruhezeit innerhalb eines Monats durch eine andere Ruhezeit von mindestens zwölf Stunden ausgeglichen werden muss.

»Die Dienste sind angemessen zu verteilen. Entsprechend der Bestimmungen des Arbeitszeitgesetzes muss für den Beschäftigten zwischen dem Ende der einen Schicht und dem Beginn der nächsten eine Ruhezeit von mindestens 10 Stunden liegen.«

◔⊸ GESUNDHEIT UND SOZIALES, 030100/46/1995

Mitunter wird eine zeitlich nicht genau definierte Regelung zur Ruhezeit in eine Vereinbarung aufgenommen: Sie orientiert sich beispielsweise im Folgenden an der Länge der vorausgehenden Arbeitszeit. Das kann unproblematisch sein, wenn die Arbeitszeit mindestens elf Stunden beträgt, beispielsweise bei Arbeitsbereitschaft und/oder Bereitschaftsdienst. Eher problematisch wird es, wenn sich längere Arbeitszeiten mit zusätzlichen Bereitschaftsanteilen, wie 24-Stunden-Diensten, mit kürzeren Tagdiensten, z. B. 7,5-Stunden-Diensten, abwechseln. Denn die daran anschließende Ruhezeit muss wieder elf Stunden betragen.

»Auf die Anwesenheiten im Betrieb (Arbeits-, Arbeitsbereitschaft- und Bereitschaftsruhe) muss regelmäßig jeweils eine Freizeit gleicher Länge folgen.«
 ⚷ Unternehmensbezogene Dienstleistungen, 010306/22/2008

Nach §7 ArbZG (Abweichende Regelungen) ist es zudem möglich, in einem Tarifvertrag oder aufgrund eines Tarifvertrages in einer Betriebs- oder Dienstvereinbarung abweichende Regelungen, z. B. eine verkürzte Ruhezeit von neun Stunden, festzulegen. Ein entsprechender Zeitausgleich muss vorgesehen sein, um den Gesundheitsschutz der Beschäftigten zu gewährleisten. Tarifverträge aus dem Bereich Gesundheit und Soziales nehmen diese Möglichkeit zum Teil auf. In den vorliegenden Vereinbarungen zu kontinuierlicher Schichtarbeit wurde dafür jedoch kein Beispiel gefunden.

Detailliert wird nachstehend die Möglichkeit formuliert, die Ruhezeit nicht einzuhalten. Die Vereinbarung bezieht sich dabei auf weitere Betriebsvereinbarungen sowie gesetzliche Vorgaben. Der Arbeitgeber bleibt jedoch ausdrücklich in der Pflicht, zunächst andere Lösungsmöglichkeiten zu finden.

»Der kurze Wechsel, d.h. das Nichteinhalten der gesetzlich vorgeschriebenen Ruhezeit von 9 bzw. 11 Stunden (siehe BV [...] Ruhezeiten im Durchfahrbetrieb [...] 2004) nach Beendigung der täglichen Arbeitszeit, ist als letzter Weg nur für den extremen Ausnahmefall möglich. §14 ArbZG regelt diese Ausnahmen: Notfälle, außergewöhnliche Fälle, die ungeplant eintreten und deren Folgen nicht auf andere Weise zu beseitigen sind, wenn ein unverhältnismäßiger Schaden sonst zu befürchten wäre, bei unaufschiebbaren Vor- und Abschlussarbeiten. Diese Ausnahmen gelten jedoch nur dann, wenn dem Arbeitgeber andere Vorkehrungen nicht zugemutet werden können.«
 ⚷ Papiergewerbe, 010900/105/2006

2.3.6 Übergabezeiten, Umkleide- und Waschzeiten

Übergabezeiten

Die Wechsel zwischen den einzelnen Schichten können mit oder ohne Übergabezeiten geregelt sein. Für einen ungestörten Betriebsablauf empfiehlt sich eine verlässliche Übergabe, wie im Folgenden begründet wird.

»Die Übergabezeit bei Schichtwechsel dient der Produktivitätssteigerung und der Optimierung des Kommunikationsflusses.«

⛭ CHEMISCHE INDUSTRIE, 030100/327/2008

In der folgenden Regelung wird die Übergabe zwischen den Schichten geregelt, allerdings ohne eine zeitliche Angabe. Das »rechtzeitige« Erscheinen zur Übergabe liegt im Ermessen der Beschäftigten. Es wird jedoch deutlich, dass die erforderlichen Aufgaben erfüllt werden müssen.

»Zur Übergabe des Dienstgeschäftes haben die Angehörigen der jeweiligen Nachtschicht rechtzeitig vor Dienstbeginn zu erscheinen und nach Dienstende für die erforderliche Zeit in der Leitstelle zu verbleiben.«

⛭ ÖFFENTLICHE VERWALTUNG, 030100/93/1996

Häufig werden sowohl die zeitlichen Grenzen der Übergabe als auch ihre Organisation festgelegt. Dabei verfügen die Beschäftigten über eine gewisse Flexibilität und damit Mitverantwortung.

»Am Ende der Schicht sind die Mitarbeiter/-innen verpflichtet, eine ordnungsgemäße Übergabe der Arbeiten an die Folgeschicht sicherzustellen. Diese beginnt im Regelfall zu den in Pkt. a. angegebenen Zeiten. Es besteht Einigkeit, dass eine Übergabezeit von etwa einer Viertelstunde die Regel ist; je nach betrieblicher Situation kann sie aber auch kürzer oder länger dauern. Sind die Arbeiten, für die der einzelne Mitarbeiter verantwortlich ist, an seinen Nachfolger übergeben, so kann der Mitarbeiter den Arbeitsplatz verlassen und seine Schicht ist somit beendet.«

⛭ DATENVERARBEITUNG U. SOFTWAREENTWICKLUNG, 030100/330/2007

Umkleide- und Waschzeiten
Umkleide- und Waschzeiten gehören üblicherweise nicht zur Arbeitszeit – auch dann nicht, wenn sie bezahlt werden. Es sei denn, sie sind nach dem Arbeitsschutzrecht aus gesundheitlichen oder hygienischen Gründen ausdrücklich vorgeschrieben. Gesetzlich vorgeschriebene Umkleide- und Waschzeiten beziehen sich vor allem auf Arbeitsstätten, an denen mit Gefahrstoffen gearbeitet wird. Sie sind auf jeden Fall vergütungspflichtig. Dies ist vor allem in der chemischen Industrie der Fall.

»Dabei wird eine tägliche Arbeitszeit von 7 Stunden und 50 Minuten zugrunde gelegt. Darin enthalten sind 20 Minuten für notwendige Umkleide- und Wegezeiten.«
　　　　Chemische Industrie, 030100/263/2004

Auch in anderen Bereichen kann die Notwendigkeit spezieller Dienstkleidung dazu führen, dass die Umkleidezeit zur Arbeitszeit gezählt wird.

»Beginn und Ende der angegebenen Arbeitszeiten wird im zentralen Umkleidebereich festgestellt. Für das Ein- und Auskleiden der Dienstkleidung wird eine so genannte Rüstzeit von jeweils 5 Minuten gerechnet.«
　　　　Forschung und Entwicklung, 030100/274/2007

2.3.7 Arbeit an Sonntagen und gesetzlichen Feiertagen

In kontinuierlichen Schichtsystemen sind Arbeitszeiten sowohl an Sonntagen als auch meist an Feiertagen eingeschlossen. Dafür muss ein zeitlicher Ausgleich oder Ersatzruhetag vorgesehen werden. § 10 ArbZG regelt zur Arbeit an Sonn- und Feiertagen weitreichende gesetzliche Ausnahmen hinsichtlich bestimmter Branchen und Produktions- sowie Dienstleistungserfordernisse. Außerdem kann von Behörden eine vorübergehende oder zeitlich unbegrenzte Genehmigung zur Sonntagsarbeit eingeholt werden (§ 13 ArbZG).
Für einen Arbeitseinsatz am Sonntag muss ein Zeitausgleich in Form eines Ersatzruhetages gewährt werden, und zwar innerhalb von zwei

Wochen (der Tag der Beschäftigung eingerechnet). Dies sollte durch einen arbeitswissenschaftlich günstigen Schichtplan in der Regel gewährleistet sein. In den vorliegenden Vereinbarungen wird die Regelung von Sonntagsarbeit und erforderlichen Ersatzruhetagen nicht explizit thematisiert. Dies ist nicht notwendig ist, da die Bedingungen gesetzlich festgelegt sind.

Gesetzliche Feiertage
Anders verhält es sich mit gesetzlichen Feiertagen. Hierzu finden sich Regelungen in mehreren Vereinbarungen. Sie legen fest, ob der Schichtplan an diesen Tagen weitergeführt wird, d. h., ob grundsätzlich gearbeitet wird oder nicht. Wird gearbeitet, fällt die Formulierung meist knapp aus.

»Der Schichtrhythmus wird an Feiertagen beibehalten.«
⚷ Unternehmensbezogene Dienstleistungen, 030100/284/2008

Manche Unternehmen unterscheiden zwischen der grundsätzlich bestehenden kontinuierlichen Betriebszeit und dem Arbeitseinsatz an Feiertagen. Nur mit dem Einverständnis des Beschäftigten kann dieser zur Feiertagsarbeit herangezogen werden.

»Aufgrund der Ausnahmegenehmigung nach §13 Abs. 5 ArbZG können gesetzliche Feiertage grundsätzlich in die Schichtsysteme einbezogen werden. Eine Einteilung der Mitarbeiter an Feiertagen ist nur mit ihrem Einverständnis möglich.«
⚷ Verlags- und Druckgewerbe, 030100/333/2004

Aus gesetzlicher Sicht muss für einen Arbeitseinsatz an einem Feiertag innerhalb von acht Wochen ein Freizeitausgleich in Form eines Ersatzruhetages gewährt werden.

»Mitarbeiter/innen erhalten für Feiertage, die auf Wochentage fallen, einen Freizeitausgleich, der auf die Ausgleichszeiten anzurechnen ist.«
⚷ Kreditgewerbe, 030100/181/1999

In einigen Vereinbarungen wird der Begriff Hochfeiertage verwendet. Es ist nicht klar, welche Feiertage genau damit gemeint sind, da die

Feiertagsregelungen in die Kompetenz der Bundesländer fallen (einzige Ausnahme: Tag der Deutschen Einheit). Aus diesem Grund ist es sinnvoll, die betreffenden Tage in der Betriebsvereinbarung ausdrücklich zu benennen.

»An den Feiertagen Neujahr, Karfreitag, Ostersonntag, Ostermontag, 1. Mai, Pfingstsonntag, Pfingstmontag, Christi Himmelfahrt, Fronleichnam, 3. Oktober und an den Weihnachtsfeiertagen wird nicht gearbeitet.«

⚷ Gummi- und Kunststoffherstellung, 030200/716/1995

Die Aufzählung der Feiertage, an denen nicht gearbeitet wird, kann um eine Begründung dafür erweitert werden. Nachstehend wird z. B. die entsprechende behördliche Bewilligung erwähnt.

»Entsprechend der Bewilligung zur Sonn- und Feiertagsarbeit wird an den hohen Feiertagen (1. und 2. Weihnachtstag, Ostersonntag und -montag, Pfingstsonntag und -montag, 1. Januar, 1. Mai) nicht gearbeitet.«

⚷ Textilgewerbe, 030200/686/1995

2.4 Personelle Rahmenbedingungen

Sowohl der Schichtplan als auch die Einteilung der Belegschaft in die einzelnen Schichten sollte für einen längeren Zeitabschnitt bekannt sein. Die Beschäftigten können sich dann auf den Schichtrhythmus sowie auf ihre Arbeits- und Freizeiten einstellen.

»Die Einteilung der Arbeitnehmer zu den Schichtteams erfolgt auf jährlicher Basis durch das zuständige Management. Grundsätzlich sollen die Schichtteams einen Monat vor dem Kalenderjahr feststehen, damit der Arbeitnehmer Gelegenheit hat, sich auf den Schichtplan einzustellen.«

⚷ Unternehmensbezogene Dienstleistungen, 030100/317/2005

Laut folgender Vereinbarung verpflichtet sich der Arbeitgeber ausdrücklich, die Freizeitwünsche der Beschäftigten bei den Arbeitszeiten zu berücksichtigen.

»Es gilt der Grundsatz, dass Mitarbeiter und Vorgesetzte sich gemeinsam verpflichten, die Arbeitszeit den betrieblichen Belangen unter angemessener Berücksichtigung der Freizeitwünsche der Mitarbeiter anzupassen.«

🗝 Mineralölverarbeitung, 030200/2066/2005

Mitunter werden neben betrieblichen auch die persönlichen Belange als Grundlage dafür genannt, wie die Beschäftigten in die Schichten eingeteilt werden. Nachstehend lässt die Formulierung »soweit wie möglich« jedoch einen Spielraum zu. Hier spielt die notwendige Personalstärke in den Schichten eine bedeutende Rolle.

»Bei der Verteilung der Früh-, Spät- und Nachtschichten sowie bei der Planung der Wochenenden und Feiertage ist eine Gleichverteilung auf die Mitarbeiter/innen anzustreben, wobei neben den betrieblichen Interessen auch die persönlichen Belange der Mitarbeiter/innen soweit wie möglich zu berücksichtigen sind.«

🗝 Datenverarbeitung u. Softwareentwicklung, 030100/330/2007

2.4.1 Personalbedarf

Die Arbeitszeiten der Beschäftigten sowie die Stärke der Schichtbelegschaften ergeben sich in den meisten Fällen aus dem Personalbedarf (→ Glossar). Dieser sollte möglichst klar festgelegt werden, damit nachvollziehbar wird, warum wann gearbeitet werden muss. Für jede Schicht sollte der Personalbedarf korrekt ermittelt und eine Reserve eingeplant werden. Dafür muss eine möglichst genaue Information über Ausfallzeiten (→ Glossar) wie z. B. Urlaub, Weiterbildung, Krankenstand oder Fluktuation vorliegen. Durchschnittlich werden diese Ausfallzeiten mit 17 bis 20 % angenommen. Müssen beispielsweise in einer Schicht immer 20 Beschäftigte anwesend sein, liegt der so genannte Brutto-Personalbedarf bei 25 Beschäftigten, wenn man 20 % Ausfallzeiten zugrunde legt. Eine ungenügende Personaldecke kann zu Arbeitsverdichtung führen und damit die anwesenden Arbeitskräfte stärker belasten. Zudem können tägliche und wöchentliche Ruhezeiten sowie der Schichtplan selbst kaum oder gar nicht eingehalten werden. Eine Fehlplanung mit negativen Folgen liegt weder im Interesse des Betriebes noch der Beschäftigten (vgl. Grzech-Sukalo/Hänecke 2010). Vielfach sind Regelungen hierzu, sofern sie überhaupt in einer Betriebsvereinbarung enthalten sind, eher unscharf formuliert.

> »In den Bereichen gem. Anlage 1 werden Schichtpläne auf der Basis eines Kalenderjahres erstellt. Die Personalstärke zu den jeweiligen Schichtzeiten richtet sich nach den betrieblichen Erfordernissen.«
>
> ⌦ Datenverarbeitung u. Softwareentwicklung, 030100/330/2007

Laut nachstehender Vereinbarung wird die Schichtbesetzung durch eine Personalbedarfsrechnung ermittelt.

> »Die Schichtbesetzung erfolgt nach der jeweils gültigen Personalbedarfsrechnung.«
>
> ⌦ Papiergewerbe, 030100/395/2007

Ohne die Anzahl der Beschäftigten in den Schichten konkret zu nennen, macht die folgende Formulierung lediglich klar, dass die Beschäftigten in den verschiedenen Schichten gleich verteilt werden.

> »Früh-, Spät- und Nachtschichten werden in der Regel jeweils mit der gleichen Zahl von Arbeitnehmern besetzt.«
>
> ⌦ Forschung und Entwicklung, 030100/394/2006

Die Schichtbelegschaft muss zahlenmäßig angemessen und entsprechend qualifiziert sein.

»Voraussetzung für den Übergang in den Vollkonti-Schichtbetrieb ist weiterhin, neben der betrieblichen Notwendigkeit und Definition eines Engpassbereiches oder der Maschinen und Anlagen, die notwendige personelle qualifizierte und zu quantifizierende (aufzurunden auf ganze Mitarbeiter) Besetzung.«

○╼ Maschinenbau, 030100/334/2006

Die Mindestbesetzung von Schichten hängt bisweilen von den Vorgaben externer Stellen ab.

»Die Schicht- bzw. Urlaubseinteilung muss die behördlichen Auflagen zur Mindestschichtstärke gemäß dem jeweils aktuellen Anerkennungsbescheid des Regierungspräsidiums berücksichtigen.«

○╼ Unternehmensbezogene Dienstleistungen, 010306/22/2008

Wichtig ist es zu überprüfen, inwieweit der Personalbedarf tatsächlich noch angemessen ist. Insbesondere wenn über einen längeren Zeitraum Mehrarbeit auftritt, sollte rechtzeitig nachgeforscht werden: Inwieweit liegt dies etwa am schwankenden Auftragsvolumen, an einer veränderten Arbeitsorganisation oder an sonstigen Einflüssen? Der Personalbedarf sollte nur in Absprache und Einvernehmen mit dem Betriebs- oder Personalrat geändert werden.

»Geschäftsleitung und Betriebsrat sind sich in der Zielsetzung einig, eine eventuelle Überforderung des Stammpersonals in den permanent durchfahrenden Schichtbereichen durch angemessene und berechenbare Besetzung von Planstellen, transparente Personalplanung sowie durch zusätzliche Förderung der Ausbildung von Springern, Papiermachern und Papiermachermeistern zu vermeiden.«

○╼ Papiergewerbe, 030100/212/2000

Äußerst knapp wird dies in folgendem Beispiel formuliert.

»Sollte es zu erheblicher Mehrarbeit kommen, überprüfen der Betriebsrat und die Geschäftsführung die Personalplanung.«

○╼ Chemische Industrie, 030100/327/2008

2.4.2 Vertretungsregelungen

In kontinuierlichen Schichtsystemen sind Vertretungen aufgrund der durchgehenden Betriebszeit schwieriger zu regeln als in diskontinuierlichen Schichtsystemen. Die Beschäftigten arbeiten nach dem Schichtplan immer in einer der Schichten oder sind in Freischicht. Daher stehen sie nur eingeschränkt zur Verfügung, um in einer anderen Schicht auszuhelfen. Dieses Thema kommt in den Betriebsvereinbarungen häufig zur Sprache. Im Folgenden werden Regelungen durch angemessene Reserveplanung, Neuverteilung von Arbeitszeiten und – sehr ausführlich – der Einsatz von Springern vorgestellt. Bei Letzterem wird berücksichtigt, ob sich die Beschäftigten in Tag- oder Normalschichten befinden. Eine sorgfältige Personalbedarfsplanung bezieht relativ vorhersehbare Ausfallzeiten wie Urlaub oder Weiterbildung ein. So kann sowohl die Stärke der Schichtbelegschaften zufriedenstellend geplant werden als gleichzeitig auch die erforderliche Anzahl an Vertretungskräften in den Schichten.

»Die Anzahl der Schichtvertreter (ausgewiesener oder nicht ausgewiesener Schichtvertreter) ist von der Reserveberechnung abhängig.«
⚬── Papiergewerbe, 030100/395/2007

Durch verlässliche Vertretungsregelungen kann eine Schichtbelegschaft entsprechend aufgestockt werden, ohne dass die Personaldecke einer anderen Schicht darunter leidet. Vertretungsregelungen sowie Ankündigungsfristen müssen für die Beschäftigten nachvollziehbar und zumutbar sein. Gerade bei kontinuierlicher Schichtarbeit ist darauf zu achten, dass die gesetzliche Arbeitszeitdauer und die Mindestruhezeiten eingehalten werden. Verantwortlich dafür ist der Vorgesetzte bzw. die Schichtleitung.

»Die Schichtleitung hat dafür Sorge zu tragen, dass stets das notwendige Personal entsprechend der gültigen Betriebsvereinbarung Maschinenbesetzung bereitgestellt wird. Dies gilt sowohl für die normale Schichtplanung als auch für die Vertretungsfälle. Bei Vertretungsbedarf muss die Ankündigung gegenüber den bereffenden Arbeitnehmern mindestens 48 Stunden vor Antritt erfolgen.«
⚬── Verlags- und Druckgewerbe, 030100/333/2004

»Um personelle Engpässe, z. B. bei notwendigen Urlaubs- oder Krankheitsvertretungen, zu vermeiden, kann der/die Vorgesetzte vorübergehend einzelne Mitarbeiten/innen in anderen Schichtgruppen einsetzen. Dies ist dem/der Mitarbeiter/-in bis spätestens mittwochs der Vorwoche anzukündigen und dem Betriebsrat mitzuteilen.«
    🔑 Mess-, Steuer- und Regelungstechnik, 080105/66/2001

Auch auf freiwilliger Basis kann eine kurzfristig erforderliche Vertretung erfolgen.

»Bei nicht planbaren Ausfällen, z. B. durch Krankheit, ist zu prüfen, ob Mitarbeiter bereit sind, kurzfristig zwischen den Schichten versetzt zu werden.«
    🔑 Unternehmensbezogene Dienstleistungen, 010306/22/2008

Das folgende Beispiel beschreibt die Rahmenbedingungen der Schichtarbeit wie z. B. Ankündigungsfristen, Vergütungs- und Urlaubsregelung sehr detailliert. Die Mitbestimmung durch die Arbeitnehmer wird hervorgehoben.

»Für Vertretungen aus dem Tagdienst im 5-Schicht-System gelten, insbesondere wenn diese regelmäßiger erfolgen, folgende Grundsätze:
– Der bei Vertretungen im 5-Schicht-System anfallende Schichtrhythmus ist einzuhalten.
– Der Zeitausgleich zur tariflichen Wochenarbeitszeit ist zu gewährleisten durch Zu- bzw. Abbuchen auf dem Mehrarbeitskonto.
– Einteilungen für Vertretungsfälle sind außer bei unvorhersehbaren Anlässen mindestens 48 Stunden vorher vorzunehmen, hierbei soll auf persönliche Freizeitplanungen angemessen Rücksicht genommen werden. Bei der Urlaubsplanung soll der regelmäßige Vertreter aus der Tagschicht in die Abstimmung mit einbezogen werden.
Bei regelmäßiger Vertretung sollen Unterschiede in den Freizeit- und Vergütungsansprüchen (Urlaubsdauer, Zuschläge und Zulagen) sowie bei der Gewährung von Schichtwechsel-Zulagen durch eine der Vertretungssituation angemessene übertarifliche Zulage ausgeglichen werden.«
    🔑 Papiergewerbe, 010900/105/2006

Einsatz von Springern
Langfristige und vorhersehbare personelle Engpässe, wie z. B. in Urlaubszeiten, werden durch eine vorausschauende Reserveplanung und entsprechende Vertretungsregelungen aufgefangen. Für unvorhersehbare und kurzfristig auftretende personelle Engpässe sind vielfach so genannte Springer vorgesehen: meist Beschäftigte, die ausschließlich für Vertretungen eingesetzt und schichtübergreifend tätig werden.

»Ein Springer ist ein Mitarbeiter, der im 5-Schicht-Betrieb ausschließlich zu Vertretungen auf mehreren qualifizierten Arbeitsplätzen herangezogen wird – und dies mit der Verpflichtung zu schichtübergreifendem Einsatz. Der Springer wird für diese Einsätze ausgebildet. Von der Springerregelung zu unterscheiden sind Vertretungsregelungen durch Reserve-Mitarbeiter, wenn vorübergehend auf einer anderen Schicht innerhalb des 5-Schicht-Systems oder vorübergehend aus dem Tagdienst im 5-Schichtsystem oder gelegentlich auf einem anderen Arbeitsplatz einer anderen Schicht des 5-Schicht-Systems eine Vertretung geleistet wird.«
⚬— PAPIERGEWERBE, 010900/105/2006

Nicht immer ist jedoch klar, was mit »Springer« tatsächlich gemeint ist. Teils wird der Begriff gleichbedeutend mit »Vertretung« benutzt. Nachstehend werden Beschäftigte aus der Normalschicht als Springer eingeteilt. Dabei soll ausdrücklich auf einen gleichmäßigen Einsatz geachtet werden. Dies verhindert zum einen eine stärkere Belastung einzelner Beschäftigter und beugt zum anderen dem Unmut zwischen Kollegen über Ungleichbehandlung vor.

»Zur Absicherung der Einsatzbereitschaft der diensthabenden Schicht (Mindestbesetzung) oder bei unplanmäßigem Ausfall von Personal können Springerschichten durch Mitarbeiter aus der Normalschicht durchgeführt werden. Es ist darauf zu achten, dass alle Mitarbeiter der Normalschicht gleichmäßig zu Springerschichten herangezogen werden.«
⚬— ENERGIEDIENSTLEISTER, 030100/19/1997

Wird in einem Unternehmen in mehreren Schichtsystemen sowie in Tag- bzw. Normalschicht gearbeitet, werden Beschäftigte aus all diesen Bereichen als Vertretung vorgesehen. Der Einsatz von Arbeitskräften aus anderen Schichten kann jedoch problematisch sein, wenn dadurch Doppelschichten entstehen, Ruhezeiten nicht eingehalten werden oder ein Arbeitseinsatz in der Freischicht erfolgt. Für Betroffene gerät dabei der eigentliche Schichtrhythmus durcheinander, was gerade bei vollkontinuierlichen Schichtsystemen ungünstig ist. Sind mehrere Vertretungsmöglichkeiten vorgesehen, wird in der Regel festgelegt, in welcher Reihenfolge die Vertretenden aus verschiedenen Gruppen herangezogen werden. Im Folgenden kommt der Springer erst zum Einsatz, wenn eine Vertretung innerhalb der eigenen Schicht nicht möglich ist.

»Grundsätzlich ist in einem Vertretungsfall zunächst eine Vertretung aus der eigenen Schicht anzustreben. Ist diese nicht möglich, ist der Springer heranzuziehen.«

 PAPIERGEWERBE, 010900/105/2006

Die Reihenfolge kann auch anders geregelt sein: Es können vorrangig Springer eingesetzt werden und erst dann, wenn diese nicht zur Verfügung stehen, andere Beschäftigte.

»Der kurzfristig auftretende Vertretungsbedarf für Krankheit und andere individuelle Fehlzeiten wird vorrangig abgedeckt durch den Springer der eigenen oder ersatzweise einer anderen Schicht oder durch den Reserve-Mitarbeiter. Stehen diese nicht zur Verfügung, kann auf Mitarbeiter in Freischichten zurückgegriffen werden.«

 PAPIERGEWERBE, 030100/4/1996

Manche Schichtpläne enthalten von vornherein so genannte Dispo-Schichten. Sie kommen dann zustande, wenn die vereinbarte wöchentliche Arbeitszeit mit der im Schichtsystem erreichten durchschnittlichen Arbeitszeit nicht übereinstimmt (vgl. Kapitel 2.5). Für Beschäftigte in Dispo-Schichten entstehen weniger Probleme, wenn sie zur Vertretung in anderen Schichten herangezogen werden, da sie von vornherein mit einem möglichen Einsatz rechnen. Die Dispo-Schichten sind in den Schichtplan integriert. Deshalb ist gewährleistet, dass Höchstarbeitszeiten und Mindestruhezeiten eingehalten werden.

»Bei Krankheit eines eingeteilten Mitarbeiters ist zunächst der Springer der eigenen, danach der Springer einer anderen Schicht einzuteilen. Stehen Springer nicht in ausreichender Zahl zur Verfügung, sollte mit maximaler Flexibilität auf eine freiwillige Vertretung hingewirkt werden. Ist diese nicht zu erreichen, kann auf den Mitarbeiter in der Dispo-Schicht zurückgegriffen werden.«

○── Papiergewerbe, 030100/212/2000

Unerlässlich bei Vertretungen ist, dass der betreffende Mitarbeiter die Qualifikation für den Arbeitsplatz mitbringt, an dem er vertritt. Dafür muss der Arbeitgeber sorgen.

»Die Qualifikation für solche Vertretungen ist in allen Bereichen arbeitsorganisatorisch erforderlich und mit der tariflichen Einstufung sowie den tariflichen und betrieblichen Vergütungsregelungen ausreichend ausgeglichen.«

○── Papiergewerbe, 010900/105/2006

Ganz konkret wird im folgenden Beispiel das Qualifikationsniveau genannt.

»Das Unternehmen wird darüber hinaus die fachliche Ausbildung von Springern weiter fördern und auch eine kontinuierliche Ausbildung von [...] Papiermachermeistern sicherstellen.«

○── Papiergewerbe, 030100/212/2000

2.4.3 Teilzeit

In der Regel werden in Schichtsystemen Vollzeitkräfte eingesetzt. So lässt sich ein gleich bleibender Personalbedarf sowohl für die einzelnen Schichten als auch über die Zeit der Schichten hinaus einfacher decken. Nur in zwei der vorliegenden Vereinbarungen wurde Teilzeitarbeit ausdrücklich erwähnt. Die folgende gilt von vornherein speziell für Teilzeitkräfte, mit der Begründung, dass der Betrieb möglichst viele eigene Ausgebildete übernehmen möchte.

»In der Vereinbarung [...] vom 30. 10. 1997 sind Werksleitung und Betriebsrat übereingekommen, sämtlichen Ausgebildeten der bis einschließlich 2000 beginnenden Prüfungsjahrgänge (mit Ausnahme der personenbedingten Nichtübernahmefälle) einen Arbeitsplatz [...] anzubieten. Um möglichst viele Beschäftigungsverhältnisse ermöglichen zu können, erfolgen die Einstellungen nach der Ausbildung vorrangig in Teilzeit.«

⚬⎯ CHEMISCHE INDUSTRIE, 030300/14/1998

Werden Teilzeitkräfte eingesetzt, können sie entweder weniger Arbeitsstunden pro Schicht leisten oder in einer geringeren Anzahl von Schichten arbeiten.

»Die vertraglich vereinbarte Wochenarbeitszeit beträgt 18,75 Stunden. Im Standardrhythmus bleiben nach je einer Tag- und einer Nachtschicht die beiden folgenden Arbeitsschichten arbeitsfrei. Alternativ sind auch vier Arbeits- und vier arbeitsfreie Schichten möglich (Schichtpläne siehe Anlage 1).«

⚬⎯ CHEMISCHE INDUSTRIE, 030300/14/1998

Insbesondere im Gesundheitswesen trifft man auf Teilzeitverträge mit vielen unterschiedlichen Wochenarbeitszeiten. Daher wird in der folgenden Vereinbarung nur allgemein auf die prozentual festgelegte Arbeitszeit hingewiesen. Es wird nicht deutlich, wie die Stunden verteilt sind. Der spätere Hinweis auf Arbeitszeitkonten lässt jedoch darauf schließen, dass sich der Arbeitseinsatz der Beschäftigten nach einem stark schwankenden Bedarf richtet. Dies ist im Gesundheitswesen nicht unüblich.

»Bei Teilzeitangestellten bemisst sich die Sollzeit nach der arbeitsvertraglich festgelegten (prozentualen) Arbeitszeit.«

⚬⎯ GESUNDHEIT UND SOZIALES, 030100/46/1995

Bei Teilzeitarbeit besteht ein erheblicher Spielraum, die Arbeitszeit durch Zusatz- bzw. Vertretungsschichten zu erhöhen.

»Durch Vertretungen (Zusatzschichten) erhalten die Mitarbeiter die Möglichkeit, individuell ihre zu vergütende Arbeitsleistung maximal bis zum Vollzeit-Niveau (37,5 Stunden-Woche im Jahresdurchschnitt) zu erhöhen.«

⚷ CHEMISCHE INDUSTRIE, 030300/14/1998

2.5 Ausgleichsregelungen

Ausgleichsregelungen sind sinnvoll, um Mehr- oder Minderarbeit, aber auch Bedingungen für Urlaub oder Ausfallzeiten, z. B. durch Krankheit oder Fortbildung, zu regeln. Für diese Bedingungen wird sowohl zeitlicher als auch finanzieller Ausgleich vereinbart.
Bei kontinuierlicher Schichtarbeit gibt es eine Besonderheit, die in Betriebsvereinbarungen häufig aufgenommen und geregelt wird: Die vereinbarte wöchentliche Arbeitszeit und die sich durch das Schichtsystem ergebende durchschnittliche wöchentliche Arbeitszeit stimmen oftmals nicht überein. Das Ausmaß der Differenz hängt vor allem von der Anzahl der Schichtgruppen und der Anzahl der Schichtarten ab. Um diesen Unterschied auszugleichen, sind Ausgleichsschichten in Form von Freischichten oder Zusatzschichten (auch Bringeschichten genannt) notwendig.

»Ausgleichszeiten ermitteln sich aus der nach dem jeweiligen Schichtmodell bestehenden Differenz zwischen Basisarbeitszeit (Basisarbeitszeit ist die vom Mitarbeiter nach dem jeweiligen Schichtmodell zu erbringende Grundarbeitszeit ohne Ausgleichszeiten) und zu leistender Wochenarbeitszeit.«

⚷ KREDITGEWERBE, 030100/181/1999

2.5.1 Zeitliche Ausgleichsregelungen

Freischichten

Ein in Deutschland weit verbreitetes kontinuierliches Schichtsystem ist das in Abbildung 4 dargestellte Vierwochensystem. Hierbei wird bei vorausgesetzten Achtstundenschichten eine durchschnittliche wöchentliche Arbeitszeit von 42 Stunden erreicht.

	Mo	Di	Mi	Do	Fr	Sa	So	Std./Woche
1	Früh	Früh	Spät	Spät	Nacht	Nacht	Nacht	56
2			Früh	Früh	Spät	Spät	Spät	40
3	Nacht	Nacht			Früh	Früh	Früh	40
4	Spät	Spät	Nacht	Nacht				32
durchschnittliche wöchentliche Arbeitszeit								42

***Abbildung 4:** 4-Wochen-Schichtsystem*

Ist in diesem Fall eine Arbeitszeit vereinbart, die von 42 Stunden Wochenarbeitszeit abweicht, muss der Unterschied entsprechend ausgeglichen werden. Im folgenden Beispiel ist die vereinbarte Wochenarbeitszeit mit 37,5 Stunden geringer. Daher werden Freischichten gewährt.

»Die durchschnittliche wöchentliche Arbeitszeit beträgt 37,5 Stunden. Zur Erreichung dieser durchschnittlichen wöchentlichen Arbeitszeit werden Freischichten gewährt.«

                            CHEMISCHE INDUSTRIE, 030100/67/1997

Die Berechnung der genauen Anzahl der Freischichten ist mitunter Bestandteil der Vereinbarung. Im nachstehend zitierten Unternehmen gelten für verschiedene Mitarbeitergruppen unterschiedliche Wochenarbeitszeiten. Idealerweise werden die Berechnungsgrundlagen detailliert dargestellt, damit jeder einzelne Beschäftigte die Bedingungen für seine eigenen Freischichten kennt.

»Die im MTV geregelte durchschnittliche Wochenarbeitszeit wird über die Gewährung von Freischichten realisiert. Die Berechnung ist im Punkt 1 der Anlage beschrieben, welche Bestandteil dieser Vereinbarung ist.«

☛ ENERGIEDIENSTLEISTER, 030100/19/1997

Unterschiedliche Wochenarbeitszeiten führen konsequenterweise zu einer unterschiedlichen Anzahl von zu leistenden Schichten pro Jahr. Auch diese Kennzahl kann eine Grundlage für die Berechnung von Freischichten sein.

»Aufgrund der Differenz der regelmäßigen tariflichen Arbeitszeit von wöchentlich 39 Stunden zur 40-Stundenwoche im Betrieb-Schichtplan ergeben sich folgende freie Tage: Pauschalstufe D (77 zu leistende Schichten pro Kalenderjahr) = 2 Tage; Pauschalstufe C (103 zu leistende Schichten pro Kalenderjahr) = 3 Tage; Pauschalstufe B (154 zu leistende Schichten pro Kalenderjahr) = 4 Tage.«

☛ FORSCHUNG UND ENTWICKLUNG, 030100/387/2007

Für Beschäftigte in Schichtarbeit werden heute immer häufiger Arbeitszeitkonten eingerichtet. So können die Differenzen zwischen tatsächlicher und vereinbarter Arbeitszeit über ein Freischichtkonto für alle Beschäftigten nachvollziehbar verwaltet werden.

»Die zur Erreichung der 37,5 Std./Woche notwendigen Freischichten, die zusätzlich zu den bereits im Schichtplan fest eingearbeiteten Freischichten zu vergeben sind, werden über ein Freischichtkonto verwaltet.«

☛ GUMMI- UND KUNSTSTOFFHERSTELLUNG, 030200/716/1995

Im Gegensatz zu einem kurzfristigen Ausgleich der Arbeitszeiten werden im Folgenden die berechneten Ausgleichsstunden bereits im Voraus einem Langzeitkonto gutgeschrieben. Auf diesem werden »ausschließlich Guthaben geführt«. Es wird hauptsächlich zur Erreichung »längerer Freistellungen« oder einer »Fortzahlung der Bezüge unmittelbar vor Eintritt in den Ruhestand« geführt. Die Beschäftigten kommen so mit fortschreitendem Lebensalter in den Genuss längerer Freizeitphasen. Dies kann jedoch nur dann als positiv bewertet werden, wenn durch den möglicherweise fehlenden kurzfristigen Ausgleich die täglichen und wöchentlichen Arbeitszeiten nicht zu lang und damit die Erhol- und Freizeitphasen zu kurz werden.

»Der Ausgleich zwischen der regelmäßigen wöchentlichen Arbeitszeit der im werktäglichen Normaldienst beschäftigten Arbeitnehmer und der auf die Woche umgerechneten regelmäßigen Arbeitszeit der im 4-Gruppen 3-Schichten-Dienst beschäftigten Arbeitnehmer erfolgt durch eine jährliche pauschale Stundengutschrift über 222,5 Stunden. Diese Zeit wird zu Beginn des Kalenderjahres auf dem Langzeitkonto gutgeschrieben.«

⚬⃗ ENERGIEDIENSTLEISTER, 030200/2311/2006

Bisweilen sind die Schichten innerhalb eines Schichtsystems unterschiedlich lang, z. B. Achtstundenschichten in der Woche und Zwölfstundenschichten an Sonntagen. In diesen Fällen sollten bei der Gewährung von Freischichten nicht nur die entsprechenden Zeitanteile berücksichtigt werden. Alternativ können auch zusätzliche Gutschriftanteile vereinbart werden.

»Zur Erreichung dieser durchschnittlichen wöchentlichen Arbeitszeit werden Freischichten gewährt. Das Freischichtenkonto baut sich folgendermaßen auf: 0,85 Stunden Gutschrift für die Normalschicht; 1,10 Stunden Gutschrift für die Langschicht.«

⚬⃗ CHEMISCHE INDUSTRIE, 030100/68/1997

Zusatzschichten
Bei einem Schichtsystem mit fünf Schichtgruppen (vgl. Abbildung 5) ist die durchschnittliche wöchentliche Arbeitszeit geringer als bei vier Gruppen. Ist die vereinbarte Wochenarbeitszeit im Vergleich dazu höher, müssen Zusatzschichten vereinbart werden.
Ähnlich wie bei den erforderlichen Freischichten können auch die Zusatzschichten auf Basis der Jahresarbeitszeit berechnet werden. Die Stundendifferenz wird umgerechnet auf volle Schichten.

	Mo	Di	Mi	Do	Fr	Sa	So	Std./Woche
1	Früh	Früh	Früh			Spät	Spät	40
2	Spät	Spät			Nacht	Nacht	Nacht	40
3				Früh	Früh	Früh	Früh	32
4			Spät	Spät	Spät			24
5	Nacht	Nacht	Nacht	Nacht				32
durchschnittliche wöchentliche Arbeitszeit								35,6

Abbildung 5: 5-Wochen-Schichtsystem

»Zur Erfüllung der tariflichen Arbeitszeit von 1955 Stunden wird die Differenz zu den Planschichten von 1752 Stunden pro Jahr gebildet; das sind pro Kalenderjahr 203 Stunden (24 Ausgleichsschichten).«

☞ MINERALÖLVERARBEITUNG, 030100/390/1995

Eingeplante Zusatzschichten im Schichtplan verhindern, dass Vorgaben für Höchstarbeitszeit und Mindestruhezeit verletzt werden. Außerdem können sich die Beschäftigten auf die Verteilung ihrer Arbeitszeiten einstellen, was der empfohlenen Vorhersehbarkeit entspricht. Sind Zusatzschichten im Schichtmodell fest verankert, bedeutet dies Planungssicherheit für Betrieb und Beschäftigte. Zumindest für einen Teil der erforderlichen Zusatzschichten ist dies nachstehend geregelt.

»Von den 20 Ausgleichsschichten gemäß Ziffer 4 und 5 werden 10 Ausgleichsschichten zu Beginn des Kalenderjahres im Voraus in den Schichtplan eingebaut.«

☞ MINERALÖLVERARBEITUNG, 030100/390/1995

Die weiteren zehn Schichten in diesem Beispiel werden über ein Zeitkonto verwaltet. Wie so häufig wird hier formuliert, dass sowohl die betrieblichen Erfordernisse als auch die persönlichen Belange der Beschäftigten berücksichtigt werden sollen. Letztlich bestimmen jedoch die Betriebsleitung und die Vorgesetzten.

»Die Disposition der Ausgleichsschichten hat den betrieblichen Erfordernissen und den persönlichen Belangen der Mitarbeiter Rechnung zu tragen und erfolgt durch die Betriebsleitung in Absprache mit dem betrieblichen Vorgesetzten.«

⌾ Mineralölverarbeitung, 030100/390/1995

Mitunter wird den Beschäftigten ein Teil der Verantwortung für die Verteilung der Bringeschichten zugewiesen bzw. eine einvernehmliche Planung gefordert.

»Es ist eine wichtige Aufgabe der Mitarbeiter und der Vorgesetzten, von Anfang an dafür Sorge zu tragen, dass die Verteilung der Bringeschichten kontinuierlich über das Jahr hinweg erfolgt.«

⌾ Chemische Industrie, 030100/263/2004

»Die Lage der Nachleistungsschichten wird einvernehmlich zwischen MitarbeiterInnen und betrieblichen Vorgesetzten unter Berücksichtigung persönlicher und betrieblicher Belange durch eine verbindliche Planung zum Jahresende für das folgende Kalenderjahr festgelegt.«

⌾ Fahrzeughersteller Kraftwagen, 030100/343/2007

Die folgenden Richtlinien regeln die Lage der Zusatzschichten innerhalb des Schichtsystems. Sie verhindern, dass einzelne Arbeitstage während der Freischichtphasen die Erholung und den Freizeitwert für die Beschäftigten mindern.

»Die Ausgleichsschichten werden vorrangig am Anfang oder Ende von Früh- bzw. (im Bereich Logistik) Spätschichtblöcken, in der Regel Mo.-Fr., eingeplant. Falls Ausgleichsschichten als Nachtschichten verfahren werden, sind sie in der Regel so zu disponieren, dass sie unmittelbar an einem Schichtblock anschließen.«

⌾ Mineralölverarbeitung, 030100/390/1995

Nachtschichten wirken sich besonders belastend aus. Daher fordern die arbeitswissenschaftlichen Empfehlungen, maximal drei Nachtschichten in Folge einzuplanen. Zusatzschichten sollten diese Anzahl nicht erhöhen. Dieses Ziel wird mit der folgenden Vereinbarung erreicht. Zusätzlich sind weitere Empfehlungen nach den arbeitswissenschaftlichen Erkenntnissen klar definiert.

»Bringeschichten sind so zu legen, dass sie vorzugsweise in Früh- und Spätschicht geleistet werden. In jedem Falle dürfen pro Mitarbeiter und Kalenderjahr nicht mehr als 6 Bringeschichten auf Nachtschichten fallen. Es dürfen 3 Nachtschichten hintereinander in Folge geleistet werden. Freizeitblöcke sollen nicht durch Nachtschichten unterbrochen werden. Im Anschluss an Nachtschichten sind mindestens 2 Tage (ca. 48 Std.) arbeitsfrei.«

                                             ⚷ CHEMISCHE INDUSTRIE, 030100/263/2004

Zusatzschichten müssen nicht zwangsläufig in bestehende Schichtsysteme eingeplant werden. Sie können auch als Normalarbeitstage abgeleistet werden. So besteht nicht die Gefahr, arbeitswissenschaftliche Vorgaben zu verletzen.

»Zeitausgleichsschichten sind Normal-Arbeitstage und werden nach einvernehmlicher Absprache in die Schichten- und Freizeitpläne eingetragen.«

                           ⚷ METALLERZEUGUNG UND -BEARBEITUNG, 030200/180/1997

2.5.2 Finanzielle Ausgleichsregelungen

Wird in einem Schichtsystem die vereinbarte wöchentliche Arbeitszeit im Durchschnitt nicht erreicht, kann auch ein finanzieller Ausgleich vereinbart werden. Im folgenden Schichtsystem wird generell eine geringere individuelle Arbeitszeit erreicht, wodurch Bringschichten notwendig werden. Anstelle einer Ableistung besteht auf Wunsch der bzw. des Beschäftigten und in Absprache die Möglichkeit, auf einen Teil des Entgeltes zu verzichten. Der Grundlohn bleibt hiervon unberührt. Diese Regelung entspricht einer mitarbeiterorientierten Flexibilisierung der Arbeitszeit.

»Auf Wunsch des Mitarbeiters und nach Abstimmung mit der Spartenleitung kann der Mitarbeiter die im Durchschnitt 20,4 (163,20 Stunden) festen und variablen Bringeschichten ›abkaufen‹. Für jede Bringeschicht, die der Mitarbeiter nicht ableisten möchte, reduziert sich sein Entgelt entsprechend, wobei der Gesamtbetrag nur von der Schichtzulage in Abzug gebracht wird und der Grundlohn hiervon unberührt bleibt.«

○⇛ Mineralölverarbeitung, 030200/2234/2003

Ein sehr geringer Unterschied zwischen vereinbarter und individueller Arbeitszeit (in diesem Fall eine Differenz von 20 Minuten pro Woche) geht bisweilen zu Lasten des Unternehmens.

»Der Negativ-Saldo zur tariflichen Arbeitszeit von 35 h wird durch das Unternehmen im Monatslohn direkt ausgeglichen.«

○⇛ Maschinenbau, 030100/334/2006

Eine weitere Möglichkeit besteht in dem Angebot an die Beschäftigten, die individuelle Arbeitszeit an das Schichtsystem anzupassen. Das folgende Beispiel stammt aus dem Jahr 1994: Zu dieser Zeit waren die Wochenarbeitszeiten generell niedriger als heute. Heute käme dies bereits einer Teilzeitbeschäftigung nahe. An diesem Beispiel wird deutlich, dass das allgemeine Niveau der Wochenarbeitszeit Einfluss darauf hat, welche Differenzen zur tatsächlichen Arbeitszeit in Schichtsystemen entstehen.

»Arbeitnehmern, die über die im Schichtplan festgelegten durchschnittlichen 33,6 Std./Woche grundsätzlich keinen Ausgleich auf 37 Std./Woche vornehmen wollen, werden bis zu einer tariflichen Vereinbarung individualvertragliche Regelungen über eine regelmäßige wöchentliche Arbeitszeit von 33,6 Std. angeboten.«

○⇛ Textilgewerbe, 030100/128/1994

Entstehen durch ein Schichtsystem höhere Arbeitszeiten als tariflich oder betrieblich vereinbart, kann anstelle von Ausfallschichten eine Auszahlung vorgesehen werden. Im Untersuchungsmaterial fand sich dies nur in einem Fall: Hier verlängern Übergabezeiten die Schichten und damit die individuelle Arbeitszeit. Dafür ist eine Auszahlung möglich, ähnlich wie bei Mehrarbeit.

»Für die im Monatsverlauf angefallenen Schichtführerübergabezeiten von bis zu 5 Arbeitsstunden besteht die Möglichkeit der Auszahlung als Mehrarbeit.«
⚬─ CHEMISCHE INDUSTRIE, 030200/2128/2004

2.5.3 Urlaubsregelungen

Anspruch
Jede/r Beschäftigte hat nach dem Bundesurlaubsgesetz (BUrlG) Anspruch auf mindestens 24 Werktage bezahlten Urlaub pro Kalenderjahr. In Tarifverträgen werden oft ein höherer Jahresurlaub und/oder speziell für Nacht- und Schichtarbeiter zusätzliche Urlaubstage vereinbart. Einige Betriebsvereinbarungen regeln Sonderurlaub.

»Der Urlaubsanspruch wird nach den tariflichen Bestimmungen unter Einhaltung der gesetzlichen Regelungen errechnet [...]. Bei der Berechnung des Urlaubs werden für die Mitarbeiter, die unter den Teilen I a und b beschrieben sind, über den tariflichen Urlaubsanspruch hinaus 3 Tage Sonderurlaub pro Jahr zugrunde gelegt.«
⚬─ UNTERNEHMENSBEZOGENE DIENSTLEISTUNGEN, 010306/22/2008

Um Mehrbelastung durch die Arbeit in Wechselschichten auszugleichen, werden für Betroffene bisweilen zusätzliche Urlaubstage vereinbart.

»Aufgrund des § 27 TV-[...] steht jeweils nach 2 zusammenhängenden Monaten Wechselschichtarbeitern je 1 Tag Zusatzurlaub zu.«
⚬─ FORSCHUNG UND ENTWICKLUNG, 030100/387/2007

Bei einem Schichtsystem mit 8-Stunden-Schichten an allen Tagen wird ein Urlaubstag mit acht Stunden angerechnet. Eine besondere Vereinbarung muss getroffen werden, wenn die Schichtlängen variieren und beispielsweise an Sonntagen 12-Stunden-Schichten bestehen.

»Wird ein Urlaubstag auf eine bereits verplante Ausgleichsschicht gelegt, gilt diese als geleistet. Je Urlaubstag werden 8 Stunden in Ansatz gebracht, unabhängig von den verplanten Arbeitsstunden. Für Urlaub an Sonnabenden und Sonntagen (12-Stundenschichten) werden 1,5 Urlaubstage angerechnet.«

⌾ MINERALÖLVERARBEITUNG, 030200/2066/2005

Planung

Auch bei der Urlaubsplanung muss in kontinuierlichen Schichtsystemen darauf geachtet werden, dass die erforderliche Mindestschichtstärke erhalten bleibt. Aus diesem Grund werden häufig von betrieblicher Seite aus Urlaubspläne erstellt, in denen zumindest ein Teil des Gesamtfreizeitvolumens fest verplant ist. Der Rest steht den Beschäftigten zur freien Verfügung. Im Folgenden wird dieses Gesamtfreizeitvolumen aus Urlaubsanspruch und entstehenden Freischichten zugrunde gelegt. Die »freie Verfügung« hängt jedoch von den »betrieblichen Möglichkeiten« ab. Somit sind die Beschäftigten in ihren Wahlmöglichkeiten erneut eingeschränkt.

»Um einen möglichst reibungsfreien Betriebsablauf zu gewährleisten, sollte das Gesamtfreizeitvolumen von 76 Tagen pro Jahr, einschließlich Tarifurlaub und Freischichten für regelmäßige Nachtarbeit bei 4 Schichtgruppen, wie folgt realisiert werden: 65 bis 70 Tage in Form fester Verplanung im Rahmen der Blockfreizeitregelung bzw. im Rahmen der betrieblichen Freizeitplanung in Bereichen ohne Blockfreizeitplanung; 11 bis 6 Tage zur freien Verfügung unter Berücksichtigung der betrieblichen Möglichkeiten und der Belange der Belegschaftsmitglieder.«

⌾ METALLERZEUGUNG UND -BEARBEITUNG, 030100/356/2000

Die betrieblichen Belange können durch eine rechtzeitige Urlaubsplanung berücksichtigt werden, indem ein erheblicher Teil der Urlaubszeit früh festgelegt wird. Den Rest können die Beschäftigten frei planen. Sie erhalten so eine erhöhte Souveränität über ihre Urlaubsplanung.

»Jeder Mitarbeiter im Durchfahrbetrieb plant individuell 32 Urlaubsschichten. Mindestens 21 Urlaubsschichten davon sind bereits im Rahmen der Planung des Jahresurlaubes bis spätestens 31. Dezember des Vorjahres zu beantragen. Der Urlaubsperiodenplan ist die Basis für diese Urlaubsplanung.«

🔑 Papiergewerbe, 030100/4/1996

Um Problemen mit der Belegschaftsstärke z. B. in der Haupturlaubszeit vorzubeugen, kann eine Höchstanzahl von Urlaubstagen für diese Zeit vereinbart werden – auch bei mitarbeiterorientierter Urlaubsplanung.

»In der Haupturlaubszeit (Ferien im Sommer) soll ein zusammenhängender Urlaubszeitraum nicht mehr als 21 Kalendertage umfassen.«

🔑 Papiergewerbe, 030100/4/1996

Allgemeiner lautet die folgende Formulierung: Sie verweist auf einen aufzustellenden Urlaubsplan, der die Wünsche der Beschäftigten berücksichtigen soll.

»Die Urlaubswünsche der Mitarbeiter werden aufgrund eines vorher aufgestellten Urlaubsplanes soweit wie irgend möglich berücksichtigt.«

🔑 Forschung und Entwicklung, 030100/387/2007

Verrechnung

Ist die Anzahl der Schichten in einem Schichtsystem von Woche zu Woche unterschiedlich, gibt es zwei Möglichkeiten, die Urlaubsabwesenheit zu berücksichtigen: Nach dem Ausfall- oder nach dem Durchschnittsprinzip (vgl. Grzech-Sukalo/Hänecke, 2010). Das Durchschnittsprinzip wurde in keiner ausgewerteten Vereinbarung geregelt. Beim Ausfallprinzip werden die Tage, die laut Schichtplan tatsächlich als Arbeitstage eingetragen sind und entfallen, als Urlaubstage berechnet. Das bedeutet, dass nur für diese Tage Anspruch auf Lohnfortzahlung besteht. Arbeitsfreie Tage (Freischichten) bleiben unberücksichtigt.

»Wird sonst Urlaub gewährt und genommen dürfen nur die Arbeitstage laut Schichtplan mit Urlaub belegt werden.«
    🔑 Gummi- und Kunststoffherstellung, 030200/716/1995

Im vorangehenden Zitat wird nicht zwischen den einzelnen Wochentagen unterschieden. Dies kann auch anders gehandhabt werden: indem z. B. Wochenendtage als Urlaubstage einen besonderen Status erhalten.

»Als Urlaubstage zählen nur die Werktagsarbeitsschichten.«
    🔑 Chemische Industrie, 030100/67/1997

2.5.4 Ausfallzeiten

Für Krankheitstage oder ähnliche Ausfallzeiten wird ebenfalls in der Regel das Ausfallprinzip angewendet.

»Die Fehlzeiten werden nach dem Lohnausfallprinzip berechnet. Es werden jeweils soviel Stunden berechnet, wie der Bedienstete an diesem Tag eingeteilt war.«
    🔑 Gesundheit und Soziales, 030100/282/2004

Das nächste Beispiel ist anders formuliert, erweist sich jedoch als sinngemäß gleich.

»Bei Krankheit besteht an den lt. Schichtenplanung vorgesehenen Tagen ein Anspruch auf Lohnfortzahlung entsprechend den tariflichen/gesetzlichen Bestimmungen.«
    🔑 Metallerzeugung und -bearbeitung, 030100/179/1999

Die genannten Regelungen gelten auch für festgelegte Zusatz- oder Bringeschichten.

»Bei Erkrankung eines Mitarbeiters gelten die im Schichtplan für den Krankheitszeitraum festgelegten Bringeschichten als verbindlich vereinbarte Arbeitszeit.«
    🔑 Chemische Industrie, 030100/263/2004

»Kann eine bereits zeitlich festgelegte Zusatzschicht nicht geleistet werden (z. B. Krankheit, Kur), so gilt sie als geleistet.«

🔑 **Fahrzeughersteller Kraftwagen, 030100/343/2007**

Mit Ausfallzeiten an arbeitsfreien Tagen oder Freischichten wird ebenfalls unterschiedlich umgegangen. Im ersten Beispiel werden arbeitsfreie Tage bei Erkrankung nicht nachgewährt. Im zweiten Beispiel ist dies hingegen vorgesehen.

»Kann ein festgelegter arbeitsfreier Tag nicht entnommen werden (z. B. Krankheit, Kur), so gilt er als entnommen; er wird nicht nachgewährt.«

🔑 **Fahrzeughersteller Kraftwagen, 030100/343/2007**

»Ist der Mitarbeiter zum Zeitpunkt einer geplanten Freischicht arbeitsunfähig erkrankt, wird ihm diese Freischicht zu einem anderen Zeitpunkt nachgewährt.«

🔑 **Datenverarbeitung u. Softwareentwicklung, 030100/330/2007**

2.6 Arbeits- und Gesundheitsschutz

2.6.1 Gesundheitsschutz nach § 6 ArbZG

Im Sinne des Arbeitsschutzes soll die Gesundheit der Mitarbeiter erhalten werden. Dafür muss eine angemessene Zeit zur Erholung und für das Familien- und Freizeitleben gewährleistet sein. Besonders zu erwähnen ist § 6 Abs. 1 ArbZG: Er fordert, die Arbeitszeiten der Nacht- und Schichtarbeitskräfte nach gesicherten arbeitswissenschaftlichen Erkenntnissen über die menschengerechte Gestaltung der Arbeit festzulegen. Diese Empfehlungen (vgl. Kap. 1) beruhen auf wissenschaftlichen Untersuchungen, insbesondere aus den Bereichen Arbeitsmedizin, Arbeitsphysiologie, Arbeitspsychologie und Ergonomie. Obwohl diese gesetzliche Regelung besteht, übernehmen einige Betriebsvereinbarungen die Vorgabe aus § 6 Abs. 1 ArbZG mehr oder weniger wörtlich.

»Die Arbeitszeit der Nacht- und Schichtarbeitnehmer ist nach den gesicherten arbeitswissenschaftlichen Erkenntnissen über die menschengerechte Gestaltung der Arbeit festzulegen.«

⚬━ KREDITGEWERBE, 030100/181/1999

Sinngemäß bezieht sich auch die folgende Formulierung auf den genannten Paragraphen des ArbZG. Es bleibt jedoch unklar, welche Einschränkung es geben könnte. Damit kann beispielsweise gemeint sein, dass nicht alle arbeitswissenschaftlichen Empfehlungen gleichzeitig erfüllt werden können (vgl. Kapitel 1). Sind die Einschränkungen jedoch auf betriebliche Rahmenbedingungen zurückzuführen, sollten sie behoben werden.

»Bei der Schichtplangestaltung werden gesicherte arbeitsmedizinische und ergonomische Erkenntnisse entsprechend den jeweiligen Möglichkeiten berücksichtigt.«

⚬━ METALLERZEUGUNG UND -BEARBEITUNG, 030100/356/2000

Häufig besteht die Schwierigkeit darin, dass die arbeitswissenschaftlichen Empfehlungen nicht oder nur ansatzweise bekannt sind. Auch die Hintergründe, ihre Auswirkungen auf die Schichtplangestaltung sowie Wechselwirkungen zwischen den einzelnen Aspekten sind teils wenig bekannt. Daher kann die Planung und Umsetzung Schwierigkeiten bereiten. Idealerweise werden in den Betriebsvereinbarungen relevante arbeitswissenschaftliche Empfehlungen explizit genannt.

»Schichtwechsel sollen vorwärts rotieren (Früh-, Spät- und Nachtschicht). Der Mitarbeiter hat Anspruch, nicht mehr als 3 aufeinanderfolgende Nachtschichten zu leisten.«

⚬━ FORSCHUNG UND ENTWICKLUNG, 030100/394/2006

Vor allem die Belastung durch Nachtschichten sollte so gering wie möglich gehalten werden. Die Empfehlung zur Anzahl von aufeinander folgenden Nachtschichten bietet einen gewissen Spielraum. Daher ist es möglich, in einer Betriebsvereinbarung diese Anzahl (hier 4) festzulegen.

»Aus arbeitsmedizinischen Gründen werden höchstens vier Nachtdienste ohne Unterbrechung in der Dienstplanung festgesetzt.«
☛ GESUNDHEIT UND SOZIALES, 030100/201/1999

Damit kann die Forderung nach einer angemessenen Ruhezeit nach Nachtschichten verbunden sein.

»Die Anzahl der zusammenhängenden Nachtschichten ist möglichst auf zwei zu begrenzen. Danach sind möglichst drei, mindestens aber zwei Freischichten zur Regeneration vorzusehen.«
☛ DATENVERARBEITUNG U. SOFTWAREENTWICKLUNG, 030100/330/2007

Deutlich weicht die folgende Regelung von arbeitswissenschaftlichen Empfehlungen ab. Sie lässt auf einen langrotierten Schichtrhythmus schließen.

»Die Zahl der Nachtdienste hintereinander darf nicht mehr als 8 betragen.«
☛ GESUNDHEIT UND SOZIALES, 030100/46/1995

Belastungen, die durch Arbeitszeiten zu ungünstigen Tageszeiten entstehen, sollten bevorzugt durch angemessene Freizeitphasen statt finanziell ausgeglichen werden. Im nächsten Zitat sind nicht notwendigerweise direkt aufeinander folgenden Nachtschichten gemeint.

»Mitarbeiter/innen erhalten für jeweils zehn Nachtschichten zusätzlich einen freien Arbeitstag.«
☛ DATENVERARBEITUNG U. SOFTWAREENTWICKLUNG, 030100/330/2007

Kontinuierliche Schichtarbeit erfordert in regelmäßigen Abständen auch Arbeit an Wochenenden. Dies ist besonders belastend, da die sozial hochwertige Zeit an Samstagen und Sonntagen für Familie und Freizeit nicht zur Verfügung steht und durch Freizeit an Werktagen nicht angemessen kompensiert werden kann. Arbeit an Wochenenden sollte daher möglichst gering gehalten und vorrangig durch Freizeit ausgeglichen werden. Viele Schichtsysteme sehen vor, dass jedes zweite Wochenende arbeitsfrei ist.

»Jeder Wechselschichtteilnehmer hat in der Regel an 2 Sonntagen im Monat frei.«

⚬━ Forschung und Entwicklung, 030100/394/2006

Ein ähnliches Verhältnis von Arbeitseinsatz und arbeitsfrei an Wochenenden scheint sich auch aus der folgenden Vereinbarung zu ergeben. Jedoch ist die Definition sehr arbeitnehmerfreundlich ausgelegt, da bereits eine Nachtschicht von Freitag auf Samstag Wochenendarbeit bedeutet. Hier wird berücksichtigt, dass ein freier Samstag nach einer Nachtschicht vornehmlich der Erholung dient und weniger nutzbar für Familie und Freizeit ist. Es ergeben sich somit mehr als 26 freie Wochenenden in Jahr.

»An maximal sechsundzwanzig Wochenenden im Jahr dürfen Mitarbeiter zur Arbeit herangezogen werden; eine verfahrene Freitag-Nachtschicht zählt als gearbeitetes Wochenende.«

⚬━ Datenverarbeitung u. Softwareentwicklung, 030100/330/2007

In der Praxis werden durchaus finanzielle Anreize für Wochenendarbeit geschaffen. Wenn dadurch der Freizeitausgleich eingeschränkt wird, ist dies nicht empfehlenswert.

»Für die besonderen Belastungen, die sich aus vollkontinuierlicher Arbeitsweise ergeben, wird neben den vereinbarten Zulagen nach §4 MTV der Kautschukindustrie für jede geleistete Samstag-Nachtschicht, Sonntag-Frühschicht, Sonntag-Spätschicht ein Schichtantrittsgeld in Höhe von DM 50,– gezahlt.«

⚬━ Gummi- und Kunststoffherstellung, 030200/716/1995

Generell will der Gesetzgeber eine Gefährdung der Arbeitskräfte durch eine ungünstige Gestaltung der Arbeitsbedingungen verhindern. Verankert ist dieser Ansatz auch in §5 Arbeitsschutzgesetz (ArbSchG). Danach ist der Arbeitgeber verpflichtet, arbeitsbedingte Gefährdungen zu ermitteln und bei Bedarf erforderliche Maßnahmen des Arbeitsschutzes abzuleiten. Auch Arbeitszeit gilt als mögliche Gefährdung. Gerade hinsichtlich Nachtschichten haben die Beschäftigten ein Recht auf arbeitsmedizinische Untersuchungen in regelmäßigen Abständen. Obwohl dies gesetzlich verankert ist, wird diese Vorsorgemaßnahme bisweilen ausdrücklich erwähnt.

»Vor Aufnahme einer Tätigkeit im Fünferschichtsystem sowie während der Schichttätigkeit müssen sich Mitarbeiter werksärztlichen Vorsorge- und Überwachungsuntersuchungen unterziehen: grundsätzlich vor Aufnahme einer Tätigkeit im Schichtbetrieb, nach drei Jahren regelmäßiger Schichtarbeit im Abstand von fünf Jahren, ab dem 50. Lebensjahr im Abstand von drei Jahren.«
⌾ Chemische Industrie, 030100/263/2004

Der Arbeitgeber muss die Beschäftigten für diese arbeitsmedizinischen Vorsorgeuntersuchungen freistellen und die Kosten übernehmen.

»Für die Dauer der Untersuchung einschließlich Wege- und Wartezeiten wird der Mitarbeiter unter Fortzahlung der Vergütung von der Arbeit freigestellt.«
⌾ Chemische Industrie, 030100/263/2004

Das ArbZG regelt in § 6 Abs. 4 auch die Voraussetzungen, unter denen Beschäftigte vom Nachtdienst befreit werden können und Anspruch auf einen geeigneten Tagesarbeitsplatz haben. Im nachfolgenden Beispiel wird dies auf den gesamten Einsatz im Schichtsystem ausgeweitet.

»Der Mitarbeiter wird auf seinen Wunsch hin von einem Einsatz in der Fünferschicht befreit, wenn: nach arbeitsmedizinischer Feststellung die weitere Nachtarbeit den Mitarbeiter in seiner Gesundheit gefährdet oder im Haushalt ein Kind unter 12 Jahren ohne Betreuung wäre oder der Mitarbeiter einen schwerpflegebedürftigen Angehörigen zu versorgen hat, der nicht von einem anderen im Haushalt lebenden Angehörigen versorgt werden kann.«
⌾ Chemische Industrie, 030100/263/2004

Die folgende Vereinbarung geht über die gesetzlichen Vorgaben hinaus. Sie erlaubt den Beschäftigten zudem, andere wichtige persönliche Gründe für eine Herausnahme aus der Schichtarbeit anzuführen.

»Darüber hinaus ist auf Verlangen des Mitarbeiters eine Herausnahme aus der Fünferschicht zu prüfen, wenn sonstige vom Mitarbeiter glaubhaft dargelegte wichtige und unabwendbare persönliche Gründe vorliegen.«

🗝 CHEMISCHE INDUSTRIE, 030100/263/2004

Wenn die Möglichkeit im Unternehmen besteht, sollte bei (Wechsel)-Schichtuntauglichkeit möglichst ein geeigneter, alternativer Arbeitsplatz mit Normalarbeitszeit angeboten werden.

»Die Werksleitung wird sich bemühen, Mitarbeitern, die aus der vollkontinuierlichen Wechselschicht ausscheiden, zumutbare Arbeitsplätze bereitzustellen.«

🗝 CHEMISCHE INDUSTRIE, 030100/68/1997

Mitunter ist keine endgültige, sondern nur eine zeitlich begrenzte Herausnahme aus dem Schichtbetrieb möglich. Für die Beschäftigten besteht damit die Chance, in persönlichen Notfällen vorübergehend in Tagarbeit zu wechseln.

»Bei Vorliegen eines wichtigen Grundes, z. B. gesundheitlicher, familiärer oder sozialer Art, wird der Mitarbeiter mit einer Frist von maximal 2 Monaten von Schichtbetrieb freigestellt, soweit dienstliche oder betriebliche Gründe nicht entgegenstehen.«

🗝 FORSCHUNG UND ENTWICKLUNG, 030100/394/2006

2.6.2 Jugendliche, Frauen im Mutterschutz, ältere und leistungsveränderte Beschäftigte

Die in einer Betriebsvereinbarung vereinbarten Arbeitszeiten gelten u. U. für bestimmte Personengruppen nicht: Jugendliche, Frauen im Mutterschutz sowie ältere und leistungsveränderte Beschäftigte unterliegen speziellen gesetzlichen Vorgaben hinsichtlich der Arbeitszeit. In den vorliegenden Unterlagen zu kontinuierlicher Schichtarbeit werden diese Gruppen jedoch kaum erwähnt. Vermutlich werden entweder hier die bestehenden gesetzlichen Grundlagen nicht wiederholt oder in den

Unternehmen existieren weitere Vereinbarungen zu diesen Themen. Möglicherweise existieren auch keine separaten weiterreichenden Regelungen.

Jugendliche

Das Jugendarbeitsschutzgesetz (JArbSchG) legt fest, dass Jugendliche zwischen 15 und 17 Jahren zwischen 20 und 6 Uhr nicht eingesetzt werden dürfen. Hinsichtlich des Arbeitsendes und -beginns bestehen einige branchen- und altersbezogene Ausnahmen. In mehrschichtigen Betrieben dürfen über 16-Jährige bis 23 Uhr beschäftigt werden. Damit wäre für sie zwar ein Einsatz z. B. in einem klassischen Zweischichtsystem mit Früh- und Spätschicht möglich, aber kein vollwertiger Einsatz in einem kontinuierlichen Schichtsystem rund um die Uhr. Entsprechend finden sich in den vorliegenden Vereinbarungen dazu kaum Regelungen. Nur in einem Fall wird diese Altersgrenze deutlich hervorgehoben.

> »Diese Betriebsvereinbarung gilt für alle gewerblichen Mitarbeiter und Angestellten im Alter von über 18 Jahren aus den Bereichen [...].«
>
> ⚷ Gummi- und Kunststoffherstellung, 030200/716/1995

Berufsschultage unterbrechen den betrieblichen Arbeitseinsatz von Auszubildenden und schränken ebenfalls ihren vollwertigen Einsatz im Schichtsystem ein. Sie werden grundsätzlich für den Berufsschulunterricht freigestellt, der als Arbeitszeit gilt. In den vorliegenden Vereinbarungen fanden sich dazu keine Regelungen.

Frauen im Mutterschutz

Im Schichtbetrieb arbeiten in der Regel sowohl Männer wie Frauen. Kritisch wird Schichtarbeit für werdende und stillende Mütter, die nach dem Mutterschutzgesetz (MuSchG) zwischen 20 und 6 Uhr sowie an Sonn- und Feiertagen nicht beschäftigt werden dürfen. Aus diesem Grund werden Frauen im Mutterschutz oft vorrangig in Früh- oder Tagschichten beschäftigt. Dem Gesetz ist damit Genüge getan. Unberücksichtigt bleibt jedoch mitunter: Frühschichten, die sehr früh beginnen (z. B. um 6 Uhr) können bei langen Wegezeiten als halbe Nachtschichten gewertet werden und wirken sich mitunter ähnlich negativ aus. Es ist davon auszugehen, dass ein dauerhaft früher Arbeitsbeginn besonders belastet. Das Untersuchungsmaterial enthält dazu nur ein Regelungsbeispiel.

»Schwangere und Jugendliche dürfen nicht über die hierfür geltenden gesetzlichen Bestimmungen hinaus beschäftigt werden.«
🗝 Textilgewerbe, 030200/686/1995

Ältere, schwerbehinderte und leistungsveränderte Beschäftigte

Die Altersgrenze, ab der Arbeitnehmende als »ältere Beschäftigte« gelten, wird unterschiedlich festgelegt. Meist liegt sie zwischen 50 und 55 Jahren. Hinsichtlich Arbeits- und Gesundheitsschutzes werden bei zunehmendem Alter betriebsärztliche Untersuchungen in kürzeren Abständen vereinbart. Dies ist gesetzlich vorgesehen. Teils wird das Alter kombiniert mit der Länge der Betriebszugehörigkeit einer Befreiung von Schichtarbeit zugrunde gelegt.

»Mitarbeiter/innen, die das 50. Lebensjahr vollendet haben und mindestens 10 Jahre ununterbrochen im Dienste der [Firma] Schichtdienst gemäß §1 dieser Vereinbarung geleistet haben, haben nach dieser Vereinbarung, unter Berücksichtigung der betrieblichen Belange der Bank und der Belange des/der betroffenen Mitarbeiters/in, einen Anspruch auf Umsetzung auf einen Tagesarbeitsplatz.«
🗝 Kreditgewerbe, 030100/181/1999

Je nach Art einer Schwerbehinderung kann es erschwert bzw. unmöglich sein, an Schichtarbeit teilzunehmen. Hier ist der Arbeitgeber in der Pflicht, einen anderen Arbeitsplatz anzubieten. Neben dem Betriebsrat sind für die Angelegenheiten Schwerbehinderter die entsprechenden Vertretungen einzubeziehen. Schwerbehinderte und diesen Gleichgestellte werden in den Betriebsvereinbarungen häufig zusammen mit der Gruppe der älteren Beschäftigten genannt. Auch ihnen wird eine besondere Fürsorge zuteil, indem für viele Bereiche umfangreiche Vorsorgemaßnahmen vereinbart werden.

»Unternehmen und Betriebsrat vereinbaren, diese Mitarbeiter nur mit äußerster Sorgfalt und nach Prüfung und Zustimmung durch unseren Werksarzt im Vollkonti-Schichtbetrieb einzusetzen. Das Unternehmen verpflichtet sich dabei, im Falle des Eintretens einer Unmöglichkeit der Teilnahme an diesem Modell, Alternativarbeitsplätze im Normalschichtbetrieb (entsprechend der jeweiligen Einschränkungen) für den/die betroffenen Kollege/n zur Verfügung zu stellen.

Mitarbeiter im Vollkonti-Schichtbetrieb können sich jährlich einer kostenlosen Vorsorge-Untersuchung, bei einem Arzt ihrer Wahl (mit kassenärztlicher Zulassung), unterziehen. Das Leistungsspektrum dieser Untersuchung wird gemeinsam mit dem Werksarzt definiert und anhand der Gebührenordnung zugelassener Ärzte freigegeben. Bei Versetzungen aus gesundheitlichen Gründen (§ 18 MTV) und bei den Auswahlkriterien zur Altersteilzeit ist dieser Personenkreis vorrangig zu berücksichtigen. Der zusätzl. Urlaubsanspruch für schwerbehinderte Mitarbeiter im Vollkonti-Schichtbetrieb beträgt 6 Tage.«

      ◦── MASCHINENBAU, 030100/334/2006

Nicht immer ist es notwendig, nachtarbeitsuntaugliche Beschäftigte ganz aus dem Schichtbetrieb herauszunehmen. Alternativ können sie weiterhin in Früh- und Spätschicht eingesetzt werden. Das hat jedoch auch zur Folge, dass bei gleichem Schichtrhythmus die einzelnen Schichten ungleich besetzt sind.

»Mitarbeiter, die nachweislich aus gesundheitlichen Gründen keine Nachtschichten machen können, werden weiterhin im Wechselschichtplan eingeteilt [...].«

      ◦── FORSCHUNG UND ENTWICKLUNG, 030100/394/2006

Die ausgewerteten Regelungen beziehen sich in keinem Fall auf den demografischen Wandel, der in den letzten Jahren verstärkt diskutiert wird.

2.7 Soziale Vorsorge

2.7.1 Pausenräume und Verpflegung

Die Arbeitszeiten in kontinuierlichen Schichtsystemen liegen häufig zu Zeiten, in denen Kantinen nicht mehr geöffnet sind. Für eine effektive Pause und die in dieser Zeit vorgesehene Nahrungsaufnahme ist der Zugang zu Verpflegung allerdings notwendig. Dies sollte daher in der Betriebsvereinbarung geregelt werden. Sinnvoll ist eine umfassende Regelung, die sowohl auf die Pausenräume als auch das Wärmen und Kühlen von Speisen und Getränken eingeht.

»Die Pausenräume werden entsprechend der Zahl der Arbeitnehmer mit Vorrichtungen zum Anwärmen und zum Kühlen von Speisen und Getränken sowie mit Möglichkeiten (Automaten) zum Kauf von Lebensmitteln ausgestattet. Die Automaten werden analog zur jetzigen Regelung in der Zweier- und Dreierschicht jeweils zu der Spät- und Nachtschicht sowie an Wochenenden und Feiertagen befüllt.«
   ⚬⇌ CHEMISCHE INDUSTRIE, 030100/263/2004

Bei der Belastung durch Schichtarbeit ist es für die Beschäftigten angemessen, wenn sie sich auch außerhalb der regulären Pausen mit Getränken versorgen können.

»Die Mitarbeiter haben die Möglichkeit, die Maschinen kurzzeitig zu verlassen (z. B. für Erfrischungsgetränke usw.).«
   ⚬⇌ VERLAGS- UND DRUCKGEWERBE, 030100/333/2005

2.7.2 Fort- und Weiterbildung

Gemäß § 6 Abs. 6 ArbZG müssen Nachtarbeitskräfte den gleichen Zugang zu betrieblicher Weiterbildung und zu aufstiegsfördernden Maßnahmen haben wie alle anderen Beschäftigten. In eine der vorliegenden Vereinbarungen wurde die gesetzliche Formulierung wortwörtlich übernommen. Wie diese Sicherstellung gewährleistet werden soll, ist jedoch nicht ausgeführt.

»Es ist sicherzustellen, daß Nachtarbeitnehmer den gleichen Zugang zur betrieblichen Weiterbildung und zu aufstiegsfördernden Maßnahmen haben wie die übrigen Arbeitnehmer.«
⚬━ KREDITGEWERBE, 030100/181/1999

Eine Weiterqualifikation durch Fortbildung oder Schulungsmaßnahmen sollte vorrangig während der Arbeitszeit erfolgen. Dadurch verringert sich allerdings die Schichtbelegschaft. Die Maßnahmen in die arbeitsfreie Zeit zu legen verringert den Erhol- und Freizeitwert für die Beschäftigten. Die nachfolgend genannten Ausgleichsschichten resultieren aus der Differenz zwischen vereinbarter und tatsächlicher Arbeitszeit. Sie entsprechen daher zusätzlicher freier Zeit. Maßnahmen während diesen Ausgleichsschichten verringern damit nicht die schichtplanbedingte freie Zeit.

»Bei der Durchführung von notwendigen Schulungsmaßnahmen werden vorrangig Ausgleichsschichten herangezogen.«
⚬━ MINERALÖLVERARBEITUNG, 030100/390/1995

Nachstehend wird ausdrücklich darauf hingewiesen, dass Freischichten nicht durch Lehrgänge besetzt werden. Lässt sich dies nicht vermeiden, kann die verlorene Erholungs- und Freizeit nachgeholt werden.

»Bei der Planung von Kurzlehrgängen (bis zu 2 Tage) ist darauf zu achten, dass diese nicht auf geplante Freischichten fallen. Sollte dies nicht zu vermeiden sein, so wird die Freischicht nachgewährt.«
⚬━ UNTERNEHMENSBEZOGENE DIENSTLEISTUNGEN, 010306/22/2008

2.8 Rufbereitschaft

In einigen Branchen sind Rufbereitschaften in Schichtsystemen üblich, z. B. im Gesundheitswesen oder im technischen Servicebereich. Zwar wird der Begriff Rufbereitschaft im ArbZG erwähnt, jedoch nicht ausdrücklich definiert. Daher wird erst in Abgrenzung zu anderen Begriffen wie Arbeitszeit, Arbeitsbereitschaft und Bereitschaftsdienst klar, was darunter zu verstehen ist. Beschäftigte in Rufbereitschaft müssen nicht am Arbeitsplatz anwesend, jedoch jederzeit erreichbar sein, damit sie zeitnah einsatzfähig sind (Anzinger/Koberski 2005). Allgemeine Gestaltungshinweise zu Rufbereitschaften stellt Böker (2010) in einer Kurzauswertung ausführlich dar.

Laut ArbZG gehört die Zeit der Rufbereitschaft, so lange kein Einsatz erfolgt, zur Ruhezeit; ein Einsatz hingegen gilt als Arbeitszeit. Dadurch beeinflusst Rufbereitschaft bzw. der Einsatz während dieser Zeit sowohl die Arbeitszeit als auch die Ruhezeit. Nach § 87 BetrVG ist ihre Regelung mitbestimmungspflichtig.

In kontinuierlichen Schichtsystemen werden die Beschäftigten nach festgelegtem Schichtplan eingesetzt. Daher sollten Rufbereitschaften an den Schichtplan angepasst werden. Dies ist besonders im Falle eines Arbeitseinsatzes wichtig: Denn es muss gewährleistet sein, dass der Mitarbeiter die erforderliche Ruhezeit im Anschluss an die Arbeitszeit einhalten kann. Auch sollte die Schichtabfolge der einzelnen Beschäftigten möglichst nicht gestört werden. Schicht- und Rufbereitschaftsplanung hängen demnach voneinander ab. Außerdem sollte deutlich formuliert werden, zu welchem Zweck eine Rufbereitschaft eingeplant wird.

»Der Betrieb-Schichtplan wird durch einen Rufbereitschaftsplan ergänzt. Dabei wird grundsätzlich jeder Arbeitsplatz in einem Kontrollraum durch eine Person in Rufbereitschaft abgesichert. Ziel ist es, den Ersatz einer zur Betrieb-Schicht eingeteilten Person sicherzustellen, falls es zu einem kurzfristigen, unplanmäßigen Ausfall kommt.«

⚬⇒ FORSCHUNG UND ENTWICKLUNG, 030100/387/2007

»Um Krankheitsvertretungen und ähnliche kurzfristige personelle Änderungen sicherzustellen, können Mitarbeiter, die in Rufbereitschaft sind, herangezogen werden.«

⚬⇒ FORSCHUNG UND ENTWICKLUNG, 030100/394/2006

2.9 Umsetzungsprozess

Werden neue Arbeitszeiten entwickelt und umgesetzt, gilt es besonders darauf zu achten, dass möglichst alle Beteiligten in den Prozess eingebunden sind: Arbeitgeber- und Arbeitnehmervertreter sowie die Beschäftigten selbst. Oftmals bestehen (verständliche) Zweifel und Vorbehalte bei den Betroffenen gegenüber neuen Schichtsystemen. Sie sollten von Arbeitgeberseite und seitens des Betriebsrates ernst genommen werden. Eine umfassende Information über Vor- und Nachteile neuer Schichtsysteme wirkt sich generell positiv aus. Vor allem eine Ausweitung der Arbeitszeiten auf die Nacht und das Wochenende betrachten viele Beschäftigte skeptisch: Denn Familienleben und Freizeit müssen neu organisiert werden. Möglicherweise wird auch der Wegfall von (schon länger üblichen) Überstunden kritisch gesehen, da das zusätzliche Einkommen einkalkuliert wird. Die Beschäftigten müssen das Recht haben, sich zu den befürchteten Auswirkungen zu äußern. Dem Umsetzungsprozess kommt damit bei Änderungen oder Einführung von kontinuierlicher Schichtarbeit eine gravierende Bedeutung zu, die oftmals vernachlässigt wird. Es ist notwendig, gezielt und transparent vorzugehen bei der Entwicklung und der Umsetzung neuer Arbeitszeitsysteme. Nur so lassen sich optimale Lösungen herausarbeiten, die auch von den Beschäftigten mitgetragen werden (vgl. Grzech-Sukalo/Hänecke 2007; Grzech-Sukalo/Hänecke 2011).

2.9.1 Planung und Erstellung von Schichtplänen

Betriebsvereinbarungen zu kontinuierlichen Schichtsystemen führen in der Regel die ausgehandelten Schichtzeiten auf, ggf. die Anzahl der Schichten pro Woche und die Wochen- oder auch Jahresarbeitszeit. Vielfach sind konkrete Schichtpläne in den Betriebsvereinbarungen enthalten. Betriebliche und mitarbeiterorientierte Belange sowie die arbeitswissenschaftlichen Empfehlungen können in dieser Phase ausführlich berücksichtigt werden.
Das Vorgehen bei Änderungen dieser Schichtpläne wird teilweise schon in den Betriebsvereinbarungen geregelt, ohne diese selbst dadurch auf-

zukündigen. In folgendem Beispiel wird hierbei eine gemeinsame Lösung angestrebt. Allerdings bleibt die Frage offen, ob veränderte Schichtpläne beteiligungsorientiert entwickelt werden und wie sie im betrieblichen Mitbestimmungsprozess verankert sind.

»Mögliche Änderungen des Schichtplanes können nach Rücksprache mit den Bereichen noch eingearbeitet werden. Voraussetzung ist jedoch eine gemeinsame Lösung für einen Bereich.«

○══ Elektro, 030100/214/2002

»Eine Dienstplanänderung – gleich von welcher Seite ausgehend – ist nur einvernehmlich möglich.«

○══ Gesundheit und Soziales, 030100/282/2004

Nachstehend wird der Schichtplan komplett durch die davon betroffene Arbeitsgruppe erstellt. Dies erweist sich einerseits als sehr mitarbeiterorientiert. Andererseits ist zu bedenken, dass sich so einzelne Gruppenmitglieder mit ihren Wünschen dominant einbringen können. Zudem müssen auch bei diesem Vorgehen die gesetzlichen und tarifrechtlichen Vorgaben berücksichtigt werden. Die Vorgesetzten müssen dies bedenken, da sie nicht aus der Fürsorgepflicht entbunden werden können.

»In den zu definierenden Bereichen kann entsprechend den oben angeführten Regelungen ein Schichtplan durch die Gruppe erstellt werden.«

○══ Maschinenbau, 030100/334/2006

Bezüglich der Planung und Erstellung kontinuierlicher Schichtsysteme müssen wesentliche Punkte in den Betriebsvereinbarungen geregelt werden: z. B. die Verantwortlichkeiten sowie der Ankündigungszeitraum bei Änderungen des Schichtrhythmus. Hierzu wird sehr Unterschiedliches vereinbart. Die Beschäftigten selbst werden dabei kaum beteiligt. Die folgende Betriebsvereinbarung weist einen sehr kurzen Zeitraum für mögliche Änderungen auf. Sie betont jedoch ihre Mitarbeiterbezogenheit.

»Die Schichtpläne müssen jeweils 2 Arbeitstage vor Beginn ihrer Gültigkeit dem Betriebsrat vorgelegt werden. Aus den Schichtplänen muss sich der geplante Schichtrhythmus mitarbeiterbezogen für die Dauer mindestens eines Monats ergeben. Eventuelle Änderungen sind dem Betriebsrat vorab kurzfristig schriftlich/elektronisch vorzulegen.«

⌿ Fahrzeughersteller sonstiger Fahrzeuge, 030100/321/2007

Nachstehend werden die Verantwortlichkeiten für die konkrete Schichtplanung eindeutig festgelegt. Dies ist wichtig, wenn der Schichtplan nicht Bestandteil der Betriebsvereinbarung ist. Hier werden die Beschäftigten allerdings nicht eingebunden.

»Die Verantwortung für die konkrete Schichtplanung haben die Vorgesetzten der betroffenen Kapazitätsgruppen, die, innerhalb eines übergeordneten Bereiches, organisatorisch festgelegt sind.«

⌿ Maschinenbau, 030100/334/2006

In einigen Branchen, z. B. im Krankenhaus oder in der Pflege, ändern sich die Arbeitszeiten bzw. die Arbeits- und Freitage häufig. Insbesondere in diesen Bereichen ist es wichtig, die Belange der Beschäftigten bezüglich der Schichtabfolge und somit der Tage, an denen gearbeitet wird bzw. frei ist, zu berücksichtigen. Die folgende Vereinbarung versucht, eine Lösung zu finden und betrieblichen Belangen sowie Mitarbeiterinteressen gerecht zu werden.

»Die Stationsleitung erstellt den Dienstplan entsprechend betrieblichen Belangen, die Pflegekräfte haben dabei ein Vorschlagsrecht. 2 Wochenenden im Monat müssen frei sein.«

⌿ Gesundheit und Soziales, 030100/46/1995

Speziell im Krankenhaus- und Pflegebereich müssen Dienstpläne wiederkehrend erstellt werden, da diese sich z. B. mit der Bettenbelegung ändern. Entsprechend unterscheiden sich auch die Schichtabfolgen stark. Daher ist es für die einzelnen Beschäftigten wichtig, dass die Dienstpläne einsehbar sind und ihre Belange berücksichtigt werden. In den folgenden Beispielen erscheinen die Ankündigungsfristen kurz, was in dieser Branche durchaus üblich ist. Wichtig für die Beschäftigten ist es, die Pläne einsehen und damit ihre Arbeits- und Freizeiten planen zu können.

»Die Dienstpläne werden spätestens eine Woche vor Inkrafttreten von der Stationsleitung erstellt, von allen Mitarbeitern eingesehen, von der Stationsleitung unterschrieben und der Pflegedienstleitung zur Bestätigung vorgelegt. Der aktuelle Dienstplan maß jederzeit für alle Mitarbeiterinnen und Mitarbeiter einsehbar sein.«
        ⚬⚏ GESUNDHEIT UND SOZIALES, 030100/46/1995

»Die Betrieb-Schichtpläne werden langfristig erstellt und spätestens 4 Wochen vor Inkrafttreten an die betroffenen Schicht-Beschäftigten, [...] und den BR bekannt gegeben sowie im jeweiligen Kontrollraum ausgehängt.«
        ⚬⚏ FORSCHUNG UND ENTWICKLUNG, 030100/387/2007

2.9.2 Geltungsdauer und Verlängerung von Schichtplänen

Allgemeine Schichtpläne werden häufig für ein Jahr oder wie im folgenden Beispiel für ein Kalenderjahr erstellt. Über diesen Zeitraum können Urlaubszeiten sowie feste Ausfall- oder Zusatzschichten berücksichtigt und eingetragen werden.

»Der Schichtplan gilt jeweils für die Zeit vom Beginn des Vollkonti-Schichtbetriebes bis zum Ende des Kalenderjahres verbindlich.«
        ⚬⚏ MASCHINENBAU, 030100/334/2006

Neben der Geltungsdauer sollten die Fristen für die Herausgabe von Jahresplänen geregelt werden.

»Ausgabetermin des Rahmendienstplanes für das kommende Jahr (1.1. bis 31.12.) ist der Dezember des laufenden Jahres. Der Sollplan wird vom Dienstplanverantwortlichen bis zum 15. des Vormonates – spätestens am 20. des Vormonates genehmigt und fixiert.«
        ⚬⚏ GESUNDHEIT UND SOZIALES, 030100/282/2004

Wichtig ist zudem, eine Schichteinteilung zu benennen, sollte sich diese im Laufe der Zeit ändern können. Neben der Geltungsdauer haben die Beschäftigten so die Möglichkeit, sich auf den Schichtplan einzustellen und z. B. Fahrgemeinschaften zu bilden.

»Die Einteilung der Arbeitnehmer zu den Schichtteams erfolgt auf jährlicher Basis durch das zuständige Management. Grundsätzlich sollen die Schichtteams einen Monat vor dem Kalenderjahr feststehen, damit der Arbeitnehmer Gelegenheit hat, sich auf den Schichtplan einzustellen.«
  ⬤⤳ Unternehmensbezogene Dienstleistungen, 030100/317/2005

Generell ist es sinnvoll, auch die Kündigungskriterien der Geltungsdauer der jeweiligen Schichtpläne zu bestimmen. Dies gilt insbesondere für den Fall, dass sich z. B. die betrieblichen Belange ändern.

»Diese Betriebsvereinbarung kann mit einer Frist von sechs Monaten zum Ende eines Kalenderjahres gekündigt werden, erstmalig jedoch mit einer Frist von 3 Monaten zum 30. 06. 2005.«
  ⬤⤳ Chemische Industrie, 030100/263/2004

Bisweilen wird in diesem Zusammenhang ein Geltungsbeginn gewählt, der den betrieblichen Bedingungen eher entgegenkommen als ein Kalenderjahr – im Folgenden ist dies der 1. Juli.

»Diese Betriebsvereinbarung tritt am 01. 07. 2007 in Kraft. Sie kann mit Monatsfrist zum Ende eines Kalendervierteljahres schriftlich gekündigt werden.«
  ⬤⤳ Chemische Industrie, 030100/263/2004

Im Zusammenhang mit der Kündigung empfiehlt es sich, eine Übergangsregelung bis zum Inkrafttreten einer neuen Vereinbarung festzulegen.

»Die Kündigung dieser Betriebsvereinbarung kann nur schriftlich durch den Betriebsrat oder die Personalabteilung mit einer sechsmonatigen Frist zum jeweiligen Jahresende erfolgen. Nach Ausspruch der Kündigung nehmen Unternehmensleitung und Betriebsrat unverzüglich Verhandlungen über eine Nachfolgeregelung auf. Es besteht Einvernehmen darüber, dass die vorliegende Regelung bis zum in Kraft treten einer neuen Regelung nachwirkt.«

○← UNTERNEHMENSBEZOGENE DIENSTLEISTUNGEN, 030100/284/2008

2.9.3 Pilotphase und Evaluation

Veränderungen der Schichtpläne und damit der Arbeitszeitorganisation können weitreichende, z. T. unerwartete Folgen für Betrieb und Beschäftigte haben. Häufig hängen sie mit weiteren strukturellen oder personellen Änderungen im Betrieb zusammen. Auch Schnittstellen zu anderen, eventuell nicht in vollkontinuierlichen Schichtsystemen tätigen Bereichen des Unternehmens müssen berücksichtigt werden. Aus diesem Grund ist die Einführung einer Erprobungs- oder Pilotphase sinnvoll, in der für einen bestimmten Zeitraum das neue Schichtmodell eingeführt und überprüft wird. Eine Pilotphase sollte mehrere Monate, am besten ein Jahr umfassen, um z. B. saisonale Einflüsse wie Urlaubszeiten oder Nachfrageschwankungen berücksichtigen zu können. Zeigen sich nach dieser Zeit kritische Auswirkungen, können Ansatzpunkte ermittelt werden, in denen das Modell verbessert und angepasst wird. Hierzu ist notwendig, dass die verschiedenen betrieblichen Ebenen strukturiert ihre Erfahrungen austauschen.

Oftmals wird die Probezeit zwischen drei und sechs Monaten gewählt. Dieser Zeitraum ist häufig zu kurz, um die mit dem Schichtsystem verbundenen Auswirkungen tatsächlich überprüfen zu können.

»Die Betriebsvereinbarung tritt am 01. Februar 1999 in Kraft. Sie hat eine Laufzeit bis zum 31.12.2001. Die ersten drei Monate gelten als Probezeit.«

○← METALLERZEUGUNG UND -BEARBEITUNG, 030100/179/1999

»Die Schichtpläne werden zunächst für 6 Monate zur Probe vereinbart.«
  🔑 Gummi- und Kunststoffherstellung, 030200/716/1995

Zeitweise wird bei einer längeren Pilotphase eine Kündigungsmöglichkeit innerhalb dieser Zeit bzw. eine generelle Kündigungsmöglichkeit vereinbart.

»Diese Betriebsvereinbarung gilt bis zum 31.12.2005 zur Probe und kann mit 6-monatiger Frist, erstmals zum 31.12.2005 ohne Nachwirkung gekündigt werden. Erfolgt innerhalb dieser Probezeit keine Kündigung, gilt die BV fort und kann jederzeit mit 6-monatiger Frist zum Jahresende gekündigt werden. Die Betriebsparteien beraten dann unverzüglich über den Abschluß einer neuen Vereinbarung.«
  🔑 Mineralölverarbeitung, 030200/2234/2003

Idealerweise sollte auch vereinbart werden, wie nach Ablauf der Probe- oder Testphase weiterhin vorgegangen wird. Nachfolgend wird eine Modifizierung des Schichtmodells erwogen, sollte sich dies aus den gewonnenen Erfahrungen ergeben. Auch ein alternatives Schichtmodell, wenngleich es hier nicht aufgeführt wird, ist denkbar.

»Diese Vereinbarung gilt zunächst probeweise bis 31.01.99. Rechtzeitig vor Ablauf der Testphase erfolgt aufgrund der gemachten Erfahrungen eine Entscheidung, ob sie – erforderlichenfalls in modifizierter Form – fortgeführt wird.«
  🔑 Chemische Industrie, 030300/14/1998

Besonders flexibel geht die folgende Vereinbarung mit der Probezeit um: Diese kann ggf. sogar sofort abgebrochen werden. Auch die Rückkehr zum vorherigen Schichtmodell wird nicht ausgeschlossen. Zwar ist die Abstimmung über die Abwahl oder Beibehaltung eines neu eingeführten Schichtsystems im partizipativen Sinne positiv zu bewerten. Dennoch ist dieses Vorgehen in vielen Fällen weder möglich noch ratsam.

»In der Zeit vom 01.11.1989 bis 31.10.1990 wird der in den nachfolgenden Ziffern konkret beschriebene Dienstplan eingeführt. Es handelt sich um einen Probelauf, der von beiden Seiten jederzeit abgebrochen werden kann. Auch einvernehmliche Änderungen sind in dieser Zeit möglich. Einen Monat vor Ende des Probelaufes erfolgt eine namentliche Abstimmung über die Beibehaltung des neuen oder Wiedereinführung des alten Dienstplanes mit den vier Schichtbelegschaften.«

    🗝 Öffentliche Verwaltung, 030100/29/1989

2.9.4 Kündigungsschutz in der Erprobungszeit

Im Zusammenhang mit der Einführung kontinuierlicher Schichtarbeit wird vielfach ein Kündigungsschutz für Beschäftigte vereinbart – insbesondere in der Erprobungszeit. Hiermit wird den Auswirkungen der kontinuierlichen Schichtarbeit Rechnung getragen, die besonders das Freizeit- und Familienleben beeinträchtigen. Nicht selten gilt die Einführung kontinuierlicher Schichtarbeit auch als gute Möglichkeit, um das Unternehmen oder den Standort zu erhalten.

»Es wird vereinbart, daß während der Laufzeit dieser Betriebsvereinbarung für die unter Pkt. 1 genannten Unterbereiche keine betriebsbedingten Kündigungen ausgesprochen werden.«

    🗝 Elektro, 030100/214/2002

»Für das Jahr 2005 verzichtet die Arbeitgeberin im Unternehmensbereich [...] auf den Ausspruch betriebsbedingter Beendigungskündigungen der unter den Anwendungsbereich der vorliegenden Betriebsvereinbarung fallenden Arbeitnehmer, soweit diese bereits vor dem 01.01.2004 in einem ungekündigten Arbeitsverhältnis standen.«

    🗝 Verlags- und Druckgewerbe, 030100/333/2004

Notwendigerweise sollte in diesem Zusammenhang festgelegt werden, ob und ab wann erneut betriebsbedingte Kündigungen möglich sind.

»Die Geschäftsleitung strebt entsprechend diesen Grundsätzen an, nach Möglichkeit keine Kurzarbeit während der Laufzeit dieser Betriebsvereinbarung zu beantragen sowie bis Ende 1995 keine betriebsbedingten Kündigungen auszusprechen bzw. vorzunehmen. Danach wird über eine Verlängerung des Ausschlusses von betriebsbedingten Kündigungen erneut verhandelt.«

◦── Textilgewerbe, 030200/686/1995

3. Mitbestimmungsrechte, -prozeduren und -instrumente

3.1 Informations- und Beteiligungsrechte des Betriebsrats

Nach dem BetrVG (§ 87 Abs. 1 Nr. 2 und 3) sowie dem Bundespersonalvertretungsgesetz (BPersVG, § 75 Abs. 3 Nr. 1) hat der Betriebs- bzw. Personalrat ein Mitbestimmungsrecht in Fragen der Arbeitszeitgestaltung. Es bezieht sich konkret auf »Beginn und Ende der täglichen Arbeitszeit einschließlich der Pausen sowie die Verteilung der Arbeitszeit auf die einzelnen Wochentage«. In Betriebs- oder Dienstvereinbarungen kann dieses Recht weiter verdeutlicht werden.

»Gesetzliche Schutzbestimmungen, tarifvertragliche Regelungen sowie die Mitbestimmungsrechte des Betriebsrats werden berücksichtigt.«

⚬⎯ GESUNDHEIT UND SOZIALES, 030100/46/1995

Die Mitbestimmungsrechte des Betriebsrates enden nicht bei der Mitwirkung an der Vereinbarung, sondern gelten hinsichtlich der Arbeitszeitgestaltung auch darüber hinaus. Detailliert geht die folgende Betriebsvereinbarung auf die Eingriffs- und Kontrollmöglichkeiten des Betriebsrates ein.

»Nach Abschluß eines 25-Wochenzeitraums erhält der Betriebsrat eine Aufstellung über die tatsächlichen Einsatzzeiten incl. der Ausgleichszeiten. Daneben erhält der Betriebsrat quartalsweise eine Aufstellung über die abgeleisteten und noch abzuleistenden Ausgleichszeiten der einzelnen Mitarbeiter/innen gem. dem Muster in Anlage 4.«

⚬⎯ KREDITGEWERBE, 030100/181/1999

Mitunter werden Eingriffsmöglichkeiten seitens des Betriebsrates explizit festgelegt, auch wenn dies nach dem BetrVG schon vorgesehen ist: beispielsweise wenn die tatsächlich geleisteten Arbeitszeiten der Beschäftigten von den geplanten abweichen. Dies kann u. a. per Verfügung fest in den Schichtplan integriert sein.

»Verfügungen des Arbeitgebers im Rahmen dieses Schichtplanes (z. B. Mehrarbeit, Wochenendarbeit) unterliegen der Mitbestimmung des Betriebsrates, sofern der in § 7 dieser Betriebsvereinbarung vereinbarte Arbeitszeitkorridor verlassen wird. Die Einhaltung der arbeitszeitrechtlichen Vorschriften bleibt unberührt.«

⚬⟶ Mineralölverarbeitung, 030200/2066/2005

Nach § 6 Abs. 4 ArbZG hat ein Arbeitnehmer unter bestimmten Voraussetzungen das Recht, aus der Schichtarbeit herausgenommen und auf einen Tagarbeitsplatz umgesetzt zu werden. Geschieht sie auf seinen persönlichen Wunsch, ist diese Versetzung nach dem BetrVG nicht mitbestimmungspflichtig. Dies kann jedoch vereinbart werden.

»Stehen der Umsetzung des Nachtarbeitnehmers auf einen für ihn geeigneten Tagesarbeitsplatz nach Auffassung der Bank dringende betriebliche Erfordernisse entgegen, so ist der Betriebsrat zu hören. Der Betriebsrat kann Vorschläge für die Umsetzung unterbreiten.«

⚬⟶ Kreditgewerbe, 030100/181/1999

»Eine Herausnahme des Mitarbeiters aus der Fünferschicht setzt in jedem Fall voraus, dass ein geeigneter und freier Arbeitsplatz in Zweier- oder Dreierschicht bzw. in Tagschicht zur Verfügung steht. Ist dies nicht der Fall, wird die Härtefallkommission weitere Maßnahmen prüfen. Diese können z. B. beinhalten: Der Mitarbeiter wird auf einen geeigneten, in nächster Zeit freiwerdenden Arbeitsplatz vermittelt, die Personalabteilung prüft, ob durch geeignete Qualifizierungsmaßnahmen des Mitarbeiters die Vermittlung auf einen geeigneten Arbeitsplatz verbessert werden kann. Die Entscheidung der Paritätischen Kommission ist für beide Seiten bindend. Damit verbunden ist gleichzeitig, dass eine betriebsbedingte Kündigung des Mitarbeiters aufgrund der Entscheidung der Paritätischen Kommission zur Herausnahme des Mitarbeiters aus der Fünferschicht durch diese Betriebsvereinbarung ausgeschlossen ist.«

◐⇌ CHEMISCHE INDUSTRIE, 030100/263/2004

Generell erleichtert die Einrichtung eines paritätisch besetzten Steuerkreises die künftige Schichtplangestaltung. Da eine Änderung von Arbeitszeiten, wie z. B. die Einführung von Schichtarbeit, organisatorische und personelle Auswirkungen hat, sind diese betrieblichen Bedingungen nicht voneinander zu trennen. Das folgende Beispiel bezieht diese Aspekte detailliert ein.

»Zur Regelung dieser Härtefälle bilden die Leitung [...] und der Betriebsrat eine paritätische Kommission, die unter vorheriger Nennung der zu behandelnden Härtefälle bedarfsweise einberufen wird. Sie besteht aus je zwei Mitgliedern, die unter Abwägung der Interessen des Mitarbeiters und der des Unternehmens eine einvernehmliche und bindende Lösung erarbeiten. Den Vorsitz führt entweder ein Mitglied des Betriebsrates oder ein Vertreter der Leitung [...]. Der Vorsitz wird zu Beginn jeder Sitzung neu durch Los entschieden. Ergibt eine Abstimmung in der Kommission Stimmengleichheit, so hat bei einer erneuten Abstimmung über den selben Gegenstand, die frühestens 14 Tage nach der ersten Abstimmung erfolgen darf, wenn auch sie Stimmengleichheit ergibt, der Vorsitzende zwei Stimmen.«

◐⇌ CHEMISCHE INDUSTRIE, 030100/263/2004

3.1.1 Besetzung der Schichten

Steht ein Schichtplan – d. h. sind Lage, Dauer und Verteilung der Schichten festgelegt – muss aufgrund des Personalbedarfs die Anzahl der Arbeitskräfte bestimmt werden. Anschließend werden sie personenbezogen einzelnen Schichten zugewiesen. Einflussmöglichkeiten des Betriebsrates bestehen hier in unterschiedlichem Maß. Oftmals wird lediglich eine Informationspflicht beschrieben.

»Die Zuordnung der Mitarbeiter/-innen zu den Schichtgruppen wie auch die Schichtpläne werden allen Mitarbeitern/-innen in geeigneter Weise (Daueraushang o. ä.) bekannt gemacht und dem Betriebsrat mitgeteilt.«
 MESS-, STEUER- UND REGELUNGSTECHNIK, 080105/66/2001

Bisweilen ergibt sich allerdings eine Änderung der geplanten Schichteinteilung, die oftmals durch den Betriebsrat genehmigt werden muss. Die notwendige Zustimmung durch den Betriebsrat ist oftmals in den Betriebsvereinbarungen postuliert, wie die folgenden Beispiele zeigen. Grundlage ist, dass die Besetzung der Schichten möglichst über einen längeren Zeitraum festgelegt werden sollte. So kennen die Beschäftigten ihre genauen Arbeitszeiten und können auch ihre Freizeit planen.

»Die Schichteinteilungen erfolgen gemäß den in den Anlagen beigefügten Schichtplänen. Die Schichteinteilung kann mit Zustimmung des Betriebsrats geändert werden, ohne dass diese Betriebsvereinbarung hierdurch ihre Gültigkeit verliert bzw. geändert werden muß.«
 CHEMISCHE INDUSTRIE, 030100/327/2008

»Jede Reduzierung oder Erweiterung der bereits vom Betriebsrat genehmigten Schichtbesetzung bedarf der erneuten Zustimmung des Betriebsrates.«
 FORSCHUNG UND ENTWICKLUNG, 030100/394/2006

Dank einer individuellen Vereinbarung mit den betroffenen Beschäftigten können u. a. Freizeitwünsche in die Schichtbesetzung einfließen.

»Betriebsrat und Personalleitung beraten regelmäßig über die Personalplanung, insbesondere bei Teilzeitwünschen und Wünschen nach Reduzierung der Bringeschichten.«
 MINERALÖLVERARBEITUNG, 030200/2234/2003

3.1.2 Ausweitung der Schichtarbeit auf andere betriebliche Bereiche

Schichtarbeit wird möglicherweise nicht im gesamten Betrieb, sondern nur in einzelnen Bereichen oder Abteilungen eingeführt. Diese Zuordnung kann sich angesichts betrieblicher Bedürfnisse ändern. Für diesen Fall ist in der folgenden Vereinbarung festgelegt, dass der Betriebsrat mitbestimmt.

»Beabsichtigt der Arbeitgeber in weiteren Gruppen/Bereichen Schichtarbeit einzuführen, wird dies rechtzeitig vorher mit dem BR beraten; die Umsetzung erfolgt erst nach einvernehmlicher Aufnahme in die Anlage 1.«

      ⊶ DATENVERARBEITUNG U. SOFTWAREENTWICKLUNG, 030100/330/2007

Wird die Schichtarbeit auf Beschäftigte oder Bereiche ausgeweitet, die sonst nicht von Schichtarbeit betroffen sind, ist die entsprechende Zustimmung durch den Betriebsrat erforderlich.

»Es wird weiter vereinbart, daß die Einbeziehung weiterer Abteilungen/Gruppen zwar über eine Ergänzung zu dieser BV erfolgen kann, aber der erneuten Unterschrift beider Betriebspartner für seine Gültigkeit bedarf. Vorausgesetzt wird dabei immer die erfolgte Genehmigung durch das Gewerbeaufsichtsamt.«

      ⊶ ELEKTRO, 030100/214/2002

Welche Aspekte bei der Ausweitung von Schichtarbeit eine Rolle spielen, wird nachfolgend relativ umfassend formuliert.

»Beabsichtigt die Leitung [...] für eine Organisationseinheit die Einführung der Fünferschicht, so wird der Betriebsrat spätestens vier Wochen vor Beginn der geplanten Maßnahme hierüber informiert und mit ihm über die Einführung in dieser Organisationseinheit beraten. Die Information des Betriebsrates enthält neben dem geplanten Termin des Beginns der Maßnahme und der Nennung der Organisationseinheit die Angabe der Mitarbeiter, die von der Maßnahme betroffen sind mit Namen, Vornamen, Geburtsdatum, Familienstand, Anzahl und Alter von unterhaltsberechtigten Kindern und pflegebedürftigen Angehörigen sowie gesundheitliche Einschränkungen. Die Weitergabe der vorstehenden Angaben an den Betriebsrat erfolgt, soweit datenschutzrechtliche Bestimmungen einer Weitergabe der Daten an den Betriebsrat nicht entgegenstehen.«

    ◐⇒ CHEMISCHE INDUSTRIE, 030100/263/2004

3.1.3 Änderungen und Ankündigungsfristen

Generell muss der Betriebsrat bei allen Änderungen der Schichtpläne informiert werden. Ein Einvernehmen ist dabei ratsam.

»Eine Änderung der Schichtmodelle ist nur im Einvernehmen zwischen Geschäftsführung und Betriebsrat möglich.«

    ◐⇒ GUMMI- UND KUNSTSTOFFHERSTELLUNG, 030200/716/1995

Vielfach sind Änderungen in den Schichtzeiten, den Anfangs- und Endzeiten von Schichten, höheren Stundenleistungen oder auch tariflichen Vereinbarungen begründet. Dem muss laut folgenden Betriebsvereinbarungen der Betriebsrat zustimmen. Er ist dabei teilweise zeitlich festgelegt.
Gerade bei Änderungen des geplanten Schichtplans oder der Schichteinteilung müssen die damit verbundenen Auswirkungen auf die Beschäftigten frühzeitig bekannt gegeben werden. Ankündigungsfristen sollten so exakt und so früh wie möglich festgelegt werden.

»Die Schichtzeiten können, ohne daß es einer Kündigung der Betriebsvereinbarung bedarf, im Einvernehmen zwischen Betriebsrat und Geschäftsführung mit einer Auslauffrist von 2 Monaten geändert werden.«

    ◐⇒ FORSCHUNG UND ENTWICKLUNG, 030100/394/2006

»Eine grundsätzliche Änderung des gültigen Schichtplanes (s. Anlage) hinsichtlich der zeitlichen Lage der Arbeitszeit und der Freizeiten pro Mitarbeiter/-in ist nur im Einvernehmen mit dem Betriebsrat und nur mit einer Ankündigungsfrist von drei Wochen möglich.«

    ◐⇒ TEXTILGEWERBE, 030200/686/1995

Generell kann es sehr aufwändig sein, neue Schichtsysteme zu entwickeln und diese im Unternehmen einzuführen. Deshalb sollten mögliche Änderungen in der Betriebsvereinbarung bedacht werden. Dies kann auch nur Teile der Betriebsvereinbarung betreffen. Eine schriftliche Fassung ist dabei unerlässlich.

»Sollten nach Einführung des neuen Schichtplanes Änderungen erforderlich sein, so werden diese mit dem Betriebsrat neu vereinbart.«
  ⌨ TEXTILGEWERBE, 030200/686/1995

Mögliche Änderungen können verschiedene Ursachen und Hintergründe haben, wie die folgenden Betriebsvereinbarungen zeigen.

»Bei technischen Änderungen oder einer erforderlichen Änderung in der Arbeitsweise wird diese Regelung überprüft und im Einvernehmen mit den Beteiligten geändert.«
  ⌨ METALLERZEUGUNG UND -BEARBEITUNG, 030200/180/1997

»Teile dieser Betriebsvereinbarung können im Einvernehmen beider Betriebsparteien geändert werden ohne dass es einer Kündigung der BV bedarf. Änderungen bedürfen der Schriftform und sind Teil dieser BV.«
  ⌨ MINERALÖLVERARBEITUNG, 030200/2234/2003

3.2 Informations- und Beteiligungsmöglichkeiten der Beschäftigten

Die ausgewerteten Betriebsvereinbarungen zeigen verschiedene Möglichkeiten, die in kontinuierlicher Schichtarbeit Beschäftigten zu informieren und sie daran zu beteiligen. Dabei geht es darum, persönliche Belange und individuelle Wünsche der Mitarbeiterinnen und Mitarbeiter zu berücksichtigen: hinsichtlich der Gestaltung von Schichtsystemen, der Möglichkeiten zum Schichttausch, angemessener Ankündigungsfristen und der Organisation von Frei- und Zusatzschichten. Dies ermöglicht bzw. erleichtert es den Beschäftigten, sowohl die Arbeitszeiten als auch Freizeitphasen zu planen. Häufig wird lediglich allgemein formuliert, dass die Belange der Beschäftigten berücksichtigt werden. Der Ausdruck »angemessen« im Folgenden lässt jedoch einen erheblichen Spielraum zu.

»Die Interessen der Beschäftigten sind angemessen zu berücksichtigen.«
        🗝 Mineralölverarbeitung, 030200/2234/2003

Auch die folgende Regelung bleibt vage.

»Soweit wie möglich, wird den Wünschen der Mitarbeiter/-innen entsprochen.«
        🗝 Textilgewerbe, 030200/686/1995

Idealerweise sprechen Beschäftigte und Vorgesetzte die Arbeitszeitanpassungen persönlich ab. So können die Mitarbeiterinnen und Mitarbeiter ihre individuellen Wünsche konkret vorbringen und die Umsetzung persönlich regeln.

»Individuelle Arbeitszeitanpassungen (wegen Krankheit und Urlaub) werden zwischen Abteilungsleiter und Arbeitnehmer direkt geregelt.«
        🗝 Glas- und Keramikgewerbe, 030100/65/1995

3.2.1 Einfluss bei der Gestaltung von Schichtsystemen

Generell ist es positiv zu werten, wenn die Beschäftigten von vornherein in die Planung und Gestaltung ihres Schichtsystems einbezogen werden. Im Sinne von Work-Life-Balance können so eine höhere individuelle Zeitsouveränität erreicht und Familie, Freizeit und Beruf besser vereinbart werden. Allerdings darf dies nicht dazu führen, dass der Arbeitgeber seine Fürsorgepflicht vernachlässigt und die Verantwortung an die Beschäftigten weitergibt. In den vorliegenden Vereinbarungen kommt dies jedoch nicht vor.

»Bei der Verteilung der Früh-, Spät- und Nachtschichten sowie bei der Planung der Wochenenden und Feiertage ist eine Gleichverteilung auf die Mitarbeiter/-innen anzustreben, wobei neben den betrieblichen Interessen auch die persönlichen Belange der Mitarbeiter/-innen soweit wie möglich zu berücksichtigen sind.«
    ⚷ DATENVERARBEITUNG U. SOFTWAREENTWICKLUNG, 030100/330/2007

Soll der (bereits erstellte) Schichtplan aufgrund individueller Wünsche grundlegend geändert werden, müssen Anträge häufig schriftlich formuliert und der Mitarbeitervertretung vorgelegt werden. Dies ist bei längerfristigen Veränderungen ein sinnvolles Vorgehen.

»Änderungen im bereits genehmigten Schichtplan aufgrund persönlicher Wünsche sind von allen betroffenen Mitarbeitern schriftlich zu beantragen. Dabei ist die Arbeitszeit so zu gestalten, dass sich die durchschnittliche Wochenarbeitszeit der betroffenen Mitarbeiter nicht ändert. Die Pläne werden dem Betriebsrat zur Kenntnisnahme vorgelegt.«
    ⚷ FORSCHUNG UND ENTWICKLUNG, 030100/394/2006

Generell sollten die Pflichten des Arbeitgebers hinsichtlich der Einhaltung gesetzlicher Vorgaben und damit hinsichtlich einer möglichen Überlastung der Beschäftigten geregelt werden.

»Ein Schichtwechsel auf Antrag eines Schichtdienstbeschäftigten setzt immer die betriebliche Durchführbarkeit und damit die Genehmigung des Dienstvorgesetzten voraus.«
    ⚷ ENERGIEDIENSTLEISTER, 030200/2311/2006

3.2.2 Schichttausch

Gerade kontinuierliche Schichtpläne sind in ihrer Abfolge wenig flexibel. Die Möglichkeit, untereinander Schichten zu tauschen, bietet Beschäftigten mehr Flexibilität und Zeitsouveränität. Auf jeden Fall ist zumindest eine Absprache mit den Kollegen notwendig, um die betrieblichen Abläufe zu gewährleisten.

»Sollte ein Schichtwechsel auf Antrag eines Schichtdienstbeschäftigten nur durch Tausch des Dienstes mit einem anderen Mitarbeiter möglich sein, so wird vorausgesetzt, dass die beiden Beschäftigten den Schichtwechsel einvernehmlich beantragen.«
    🖝 Energiedienstleister, 030200/2311/2006

Zudem wird häufig die Genehmigung des Vorgesetzten oder das Einvernehmen mit ihm vorausgesetzt.

»Der freiwillige Tausch von einzelnen Schichten und/oder freien Tagen zwischen den Pflegekräften ist grundsätzlich möglich. Er bedarf der vorherigen Genehmigung durch die Heimleitung. Diese wird sie erteilen, es sei denn, durch den Tausch würde die Anzahl der diensttuenden Pflegekräfte verändert oder die Betreuung der Bewohner des Seniorenzentrums beeinträchtigt oder es entstünden dem Arbeitgeber finanzielle Mehraufwendungen.«
    🖝 Gesundheit und Soziales, 030100/143/1998

Zunächst sollte möglichst mitarbeiterorientiert verfahren und den Beschäftigten eine weitgehende Eigenverantwortung beim Schichttausch zugestanden werden. Allerdings darf die Fürsorgepflicht des Arbeitgebers nicht außer Acht gelassen werden. Ein Beispiel: Eine Regelung besagt, dass aus arbeitsmedizinischen Gründen in der Dienstplanung maximal vier Nachtdienste ohne Unterbrechung festgesetzt werden sollen. Wenn die Möglichkeit des freiwilligen Tausches einzelner Dienste eingeräumt wird, wie in folgendem Beispiel, kann es dazu kommen, dass ergonomisch ungünstige Dienstabfolgen entstehen und die Beschäftigten dadurch stärker belastet werden.

»Unberührt hiervon bleibt die Möglichkeit des freiwilligen Tausches einzelner Dienste zwischen zwei Ärztinnen/Ärzten im Einvernehmen mit dem ärztlich-organisatorischen Leiter der Interdisziplinären Intensivstation.«
    🖝 Gesundheit und Soziales, 030100/201/1999

Die ursprüngliche Regelung wird somit außer Kraft gesetzt. In diesem Fall müssen Beschäftigte ausführlich über Schichtplangestaltung informiert sein, um die Konsequenzen von getauschten Diensten besser einschätzen zu können. Nachstehend ist es nur mit Genehmigung der Vorgesetzten möglich, Schichten zu tauschen. Es liegt in deren Verantwortung, auf mögliche negative Auswirkungen zu achten.

> »Schichttausch muss von den betroffenen Fach-Vorgesetzten und Schicht-Vorgesetzten genehmigt sein.«
>
> ☞ FORSCHUNG UND ENTWICKLUNG, 030100/387/2007

Im Folgenden besteht lediglich eine Informationspflicht für die Beschäftigten, wenn sie Schichten untereinander tauschen möchten. Jedoch sind gleichzeitig Schichttausche aus privaten Gründen nur eingeschränkt möglich. Besonders im Sinne der Mitarbeiterorientierung sollte es jedoch möglich sein, dass Beschäftigte aus privaten Gründen Schichten möglichst frei tauschen.

> »Gemäß §4.5 Rahmentarifvertrag können die Beschäftigten ihre Schichteinteilungen untereinander tauschen. Der Teamleiter ist hierüber rechtzeitig per Mail zu unterrichten. Er hat den Tausch zu genehmigen, soweit dem betriebliche Gründe nicht entgegenstehen. Es besteht Einigkeit, dass Schichttausche aus privaten Gründen seitens der Beschäftigten beschränkt bleiben sollen auf Gründe, die bei der Aufstellung des Plans noch nicht vorhersehbar waren.«
>
> ☞ DATENVERARBEITUNG U. SOFTWAREENTWICKLUNG, 030100/330/2007

3.2.3 Einfluss auf Frei- und Zusatzschichten

Typisch für kontinuierliche Schichtsysteme ist die verlässliche Abfolge von Schichten bzw. Diensten. Wie in Kapitel 2.5.1 beschrieben, kann es jedoch aus verschiedenen Gründen notwendig sein, Frei- oder Zusatzschichten einzuführen. Auch hier ist darauf zu achten, dass der Arbeitgeber nicht (scheinbar) aus der Fürsorgepflicht entlassen wird und die

Verantwortung an die Beschäftigten delegiert. Solche Regelungen finden sich jedoch sehr selten.

»Die Freizeitgewährung ist Gruppen-intern zu regeln und bedarf keiner gesonderten Mitteilung an den Betriebsrat und die Personalabteilung.«

⚿ Forschung und Entwicklung, 030100/387/2007

Meist sollen die individuellen Belange der Beschäftigten zwar berücksichtigt werden, jedoch nur soweit die betrieblichen Erfordernisse es zulassen.

»Die Disposition der Ausgleichsschichten hat den betrieblichen Erfordernissen und den persönlichen Belangen der Mitarbeiter Rechnung zu tragen und erfolgt durch die Betriebsleitung in Absprache mit dem betrieblichen Vorgesetzten.«

⚿ Mineralölverarbeitung, 030100/390/1995

»Soweit aus betrieblichen Gründen Zusatzschichten ungeplant oder unvorhersehbar anfallen, erfolgt die Arbeitseinteilung unter Einbeziehung der persönlichen Belange der Mitarbeiter.«

⚿ Chemische Industrie, 030300/14/1998

Auch gemäß folgender Formulierung wird eine Abstimmung mit dem Vorgesetzten vorausgesetzt, bevor zusätzliche Freischichten gewährt werden.

»Die Gewährung zusätzlicher Freischichten ist nach Abstimmung mit dem Schichtleiter auf Wunsch des Mitarbeiters bzw. auf Vorschlag des Vorgesetzten möglich.«

⚿ Mineralölverarbeitung, 030200/2234/2003

Häufig ist ein Teil der Freischichten zunächst fest im Schichtplan verankert. Ein zweiter Teil kann – wie üblich mit Rücksicht auf die betrieblichen Belange – flexibel geplant werden.

»Der Vorgesetzte legt am Jahresanfang 28 Freischichten in einem zeitlich regelmäßigen Abstand in den Schichtplänen fest. Über die verbleibenden Freischichten können die Mitarbeiter in Absprache mit dem Vorgesetzten und unter Berücksichtigung der betrieblichen Belange verfügen.«

⚙️ UNTERNEHMENSBEZOGENE DIENSTLEISTUNGEN, 010306/22/2008

3.2.4 Ankündigungsfristen von Frei- und Zusatzschichten

Angemessene Ankündigungsfristen hinsichtlich der Frei- und Zusatzschichten stellen sicher, dass die Schichtarbeitskräfte ihre Arbeitszeiten und damit auch ihre Freizeiten planen können. Der Begriff »möglichst frühzeitig« ist jedoch wenig konkret und lässt großen Spielraum zu.

»Über Vertretungsbedarf sind die betreffenden Mitarbeiter möglichst frühzeitig durch den zuständigen Vorgesetzten zu informieren.«

⚙️ PAPIERGEWERBE, 030100/4/1996

Nur rechtzeitig informiert können Beschäftigte ihre individuellen Arbeitszeiten kennen, die Freizeit planen und das Familienleben gestalten. Häufig werden Freischichtpläne für ein gesamtes Kalenderjahr aufgestellt. Eine zeitlich umfassende und verlässliche Geltungsdauer liegt vor, wenn sie für alle Beschäftigten aus einem Jahresplan ersichtlich ist.

»Die Entnahme der arbeitsfreien Tage wird einvernehmlich zwischen MitarbeiterInnen und betrieblichen Vorgesetzten unter Berücksichtigung persönlicher und betrieblicher Belange durch eine verbindliche Entnahmeplanung zum Jahresende für das folgende Kalenderjahr festgelegt.«

⚙️ FAHRZEUGHERSTELLER KRAFTWAGEN, 030100/343/2007

Erweist sich dieser Zeitraum für eine gemeinsame Planung als zu lang, können auch kürzere Zeitabschnitte gewählt werden. Mitunter genügt die Ankündigungsfrist von einem Monat, damit die Beschäftigten sich auf den Plan einstellen können.

»Die Betriebe planen die Freischichten in Abstimmung mit den betroffenen Mitarbeitern. Sollte es keine Einigung geben, sind Freischichten mindestens einen Monat vor Quartalsende für das folgende Kalendervierteljahr in einem Freischichtenplan festzulegen.«
☛ CHEMISCHE INDUSTRIE, 030100/67/1997

Ankündigungsfristen sollten präzise formuliert werden und einen ausreichenden zeitlichen Rahmen umfassen, so dass sich die Beschäftigten darauf einstellen können. Im Prinzip ist ein Zeitraum von zwei Wochen ausreichend. Im folgenden Beispiel handelt es sich jedoch regelmäßig um Schichtpläne über jeweils vier Wochen. Dementsprechend müssen sich die Beschäftigten alle vier Wochen neu orientieren. Die Vorhersehbarkeit dieses Schichtsystems kann nicht als zufriedenstellend gewertet werden. Positiv hingegen fällt die persönliche Übersendung der Pläne auf.

»Die genehmigten Pläne (d. h. Schichtpläne und die zugehörigen Freizeitpläne für 4 Wochen) werden den Mitarbeitern 2 Wochen vor Beginn des o. g. Zeitraums durch Aushang bekannt gemacht und die Einteilung zur Schicht gleichzeitig durch Übersendung einer Kopie persönlich angeordnet.«
☛ FORSCHUNG UND ENTWICKLUNG, 030100/394/2006

Sehr detailliert regelt die folgende Betriebsvereinbarung die Verteilung von Zusatzschichten.

»Es ist eine wichtige Aufgabe der Mitarbeiter und der Vorgesetzen, von Anfang an dafür Sorge zu tragen, dass die Verteilung der Bringeschichten kontinuierlich über das Jahr hinweg erfolgt. Zu Beginn der Tätigkeit in Fünferschicht und eines jeden neuen Kalenderjahres werden unter Berücksichtigung betrieblicher und persönlicher Notwendigkeiten mindestens 10 Bringeschichten festgelegt. Die verbleibenden Bringeschichten werden flexibel und gleichmäßig über das Kalenderjahr hinweg verteilt. Dabei sollte eine Ankündigungsfrist von 7 Kalendertagen nicht unterschritten werden. Vor Beginn des 4. Quartals eines jeden Kalenderjahres wird festgelegt, wann sämtliche für das laufende Jahr noch ausstehenden Bringeschichten zu leisten sind. Diese dann festgelegten Bringeschichten können nicht mehr entfallen, sondern allenfalls noch innerhalb des 4. Quartals verschoben werden.«

🔑 CHEMISCHE INDUSTRIE, 030100/263/2004

»Um personelle Engpässe, z. B. bei notwendigen Urlaubs- oder Krankheitsvertretungen, zu vermeiden, kann der/die Vorgesetzte vorübergehend einzelne Mitarbeiten/innen in anderen Schichtgruppen einsetzen. Dies ist dem/der Mitarbeiter/-in bis spätestens mittwochs der Vorwoche anzukündigen und dem Betriebsrat mitzuteilen.«

🔑 MESS-, STEUER- UND REGELUNGSTECHNIK, 080105/66/2001

3.3 Regelungen im Konfliktfall

Erzielen Arbeitgeber und Betriebsrat bei mitbestimmungspflichtigen Angelegenheiten keine Einigung, sieht §76 BetrVG die Einrichtung einer Einigungsstelle vor. Allgemein können sich immer Konflikte bei der Auslegung, Anwendung und Einhaltung von Betriebsvereinbarungen ergeben. Speziell bei der Einführung von kontinuierlichen Schichtsystemen erweisen sich folgende Aspekte erfahrungsgemäß als konfliktträchtig:
- Planung der Schichten
- Nachleistungs- und Freischichten
- Urlaubs- und Fehlzeitenplanung.

In der Regel sehen die Vereinbarungen eine abgestufte Vorgehensweise vor: Zunächst suchen Beschäftigte und Vorgesetzte gemeinsam nach einer Lösung. Wird auf dieser Ebene kein Einvernehmen erreicht, wird der Betriebsrat und ggf. auch die Personalabteilung eingebunden. Bleibt der Konflikt auch danach ungelöst, wird im letzten Schritt die Einigungsstelle angerufen. Diese kann im Unternehmen permanent eingerichtet sein. Nachstehend werden im Konfliktfall Gespräche geführt, um die Probleme zu beseitigen.

»Beide Parteien stimmen darüber überein, dass bei evtl. auftretenden Problemen unverzüglich Gespräche zur Beseitigung der Probleme aufgenommen werden.«
🗝 Unternehmensbezogene Dienstleistungen, 030100/284/2008

Reichen Gespräche zwischen den Parteien nicht mehr aus, werden bisweilen Betriebsrat, Geschäftsführung oder Personalabteilung hinzugezogen.

»Auslegungsfragen bezüglich der Anwendung dieser Betriebsvereinbarung sollen einvernehmlich zwischen Betriebsrat und Geschäftsführung gelöst werden.«
🗝 Mineralölverarbeitung, 030200/2066/2005

»Kommt es zu Meinungsverschiedenheiten bei der Einteilung der Ausgleichszeiten, werden Personalabteilung und Betriebsrat vermittelnd eingeschaltet.«
🗝 Chemische Industrie, 030100/327/2008

Die folgende Betriebsvereinbarung legt ein abgestuftes Vorgehen fest, um Meinungsverschiedenheiten beizulegen. Es schließt eine permanent bestehende Einigungsstelle ein.

»Zur Beilegung von Meinungsverschiedenheiten hinsichtlich der Anwendung/Umsetzung dieser Betriebsvereinbarung oder aber bei notwendigen Änderungen/Ergänzungen nehmen Arbeitgeber und Betriebsrat unverzüglich Verhandlungen auf, um den Sachverhalt einer gütlichen Regelung zuzuführen. Für den Fall, dass keine Einigung erzielt wird, wird die Einigungsstelle angerufen [...].«
🗝 Verlags- und Druckgewerbe, 030100/333/2004

Kontinuierliche Schichtarbeit ist bei ihrer Einführung, Änderung oder auch bei ihrer Durchführung mit Aspekten verbunden, die zu Problemen und Konflikten führen können. Dies hängt u. a. davon ab, wie sie ausgestaltet ist. Oft entsprechen die betrieblichen Erfordernisse hinsichtlich der Arbeitszeitplanung nicht den persönlichen Wünschen der Beschäftigten. Daher bergen Arbeitszeiten und deren Änderungen in vielerlei Hinsicht Konfliktpotenzial. Dies betrifft die allgemeine Planung der Schichten, Nachleistungs- und Freischichten, aber auch die Planung von Urlaub und Fehlzeiten. Das folgende Beispiel behandelt Nachleistungsschichten, die angesichts des zugrunde liegenden Schichtplans notwendig sein können.

»Die Lage der Nachleistungsschichten wird einvernehmlich zwischen MitarbeiterInnen und betrieblichen Vorgesetzten unter Berücksichtigung persönlicher und betrieblicher Belange durch eine verbindliche Planung zum Jahresende für das folgende Kalenderjahr festgelegt. Wenn es zu keiner Einigung kommt, erfolgt die Abstimmung mit dem zuständigen Betriebsrat.«

⚬⇌ Fahrzeughersteller Kraftwagen, 030100/343/2007

Mitunter sind Zusatz- oder Ausgleichsschichten notwendig, um die vereinbarte Wochenarbeitszeit zu erfüllen. Sie sollten frühzeitig geplant werden, um Streitigkeiten vorzubeugen und den Beschäftigten eine größtmögliche Planungssicherheit zu bieten. Dies gilt auch für die Urlaubsplanung. Verlässliche Arbeits- und Freizeiten sind sowohl für die Arbeitnehmer-, aber auch für die Arbeitgeberseite stets vorteilhaft und daher ratsam.

»Die Personalabteilung ist gemeinsam mit den Schichtleitern verantwortlich für die Schichten-, Urlaubs- und Fehlzeitenplanung. Bei Streitigkeiten wird eine paritätische Schichtkommission (2 Betriebsräte, 2 Arbeitgebervertreter) einberufen und entscheidet mit einfacher Mehrheit. Erfolgt keine Einigung wird eine Einigung zwischen Personalleitung und Betriebsrat angestrebt. Erfolgt auch hier keine Einigung, entscheidet die Einigungsstelle.«

⚬⇌ Mineralölverarbeitung, 030200/2234/2003

4. Offene Probleme

Viele der vorliegenden Betriebsvereinbarungen sind gesetzeskonform und gelungen formuliert. Zwar müssen bestehende gesetzliche Vorgaben nicht unbedingt aufgenommen werden; dies bietet jedoch eine größere Sicherheit hinsichtlich der einzelnen Regelungen in den Vereinbarungen und deren Umsetzung. Andernfalls ist fraglich, ob die gesetzlichen Vorgaben detailliert bekannt sind und entsprechend beachtet werden. Dies gilt insbesondere für die arbeitswissenschaftlichen Empfehlungen zur Gestaltung von Nacht- und Schichtarbeit.

Berücksichtigung der arbeitswissenschaftlichen Erkenntnisse
Rückwärts rollierende kontinuierliche Schichtsysteme mit langen Phasen von Arbeitszeit und entsprechend langen Phasen von Freizeit werden heute kaum noch vereinbart. Sie verletzen vor allem die gesetzliche Vorgabe einer wöchentlichen Mindestruhezeit. Die langen Freizeitphasen sind für viele, vor allem junge Schichtarbeitskräfte attraktiv. Daher könnte man meinen, ein solches Schichtsystem sei besonders mitarbeiterfreundlich. Sollten jedoch die tatsächlichen Arbeits- und Ruhezeiten der Beschäftigten aufgrund solcher Regelungen gegen das ArbZG verstoßen, obliegt die Verantwortung hierfür dem Arbeitgeber. Das bedeutet: Beschäftigte, denen eine umfassende Zeitsouveränität übertragen wird, müssen im Umgang damit angemessen informiert und eingearbeitet werden.
Ein rückwärts rollierender Schichtplan ist bei vielen Beschäftigten aufgrund der Freiwoche beliebt. Diese resultiert jedoch aus 21 Arbeitstagen in Folge. Arbeitswissenschaftler warnen davor, da ein Großteil dieser Freizeit als Erholzeit notwendig ist und nicht als reine Freizeit eingestuft werden kann. Außerdem ist nicht auszuschließen, dass die lange Freizeitphase für einen Nebenjob genutzt wird und damit ihren eigentlichen Zweck verfehlt. Überlastung und gesundheitliche Probleme können die Folge sein.

Pausen mit Bereitschaftsanteilen
Es besteht die Möglichkeit, Pausen als Arbeits- oder Rufbereitschaft einzurichten. Dies kann aus zwei Perspektiven eingeschätzt werden: Einerseits sind Pausen nach Urteilen des BAG als »Unterbrechungen der Arbeitszeit« definiert, in denen Beschäftigte weder Arbeit leisten noch sich zur Arbeit bereithalten müssen. Andererseits verbietet das ArbZG nicht ausdrücklich Bereitschaftsdienst während einer Pause (Anzinger/ Koberski 2005). In der Praxis wird Abrufbereitschaft während der Pausenzeit durchaus vereinbart, auch wenn ansonsten der Pausencharakter betont wird. Das Unterbrechen einer Pause bei Notfällen oder Problemen, das bereits im Vorfeld erwartet wird, macht eine Pause zu einer Art Bereitschaftszeit, die eine Erholung nicht unbedingt fördert.

Freiwilligkeit
Ein Dilemma zwischen der Zeitsouveränität der Schichtarbeitskräfte einerseits und der Fürsorgepflicht des Arbeitgebers andererseits tritt im folgenden Fall auf: Eine vereinbarte Wochenarbeitszeit soll durch zusätzliche Schichten erreicht werden. Die Beschäftigten können die Lage dieser Zusatzschichten frei und flexibel wählen. Arbeiten sie daraufhin zu viele Schichten in Folge, kann dies wiederum zu erhöhter Belastung führen. Auch wenn Schichten unter Kollegen getauscht werden, tritt dieses Problem möglicherweise auf.

Mitbestimmung und Partizipation
Werden neue Arbeitszeiten entwickelt und umgesetzt, sollten dabei möglichst alle Beteiligten eingebunden werden: Arbeitgeber- und Arbeitnehmervertreter sowie die Beschäftigten selbst. Betriebliche und auch mitarbeiterorientierte Belange sowie arbeitswissenschaftliche Empfehlungen können in dieser Phase ausführlich berücksichtigt werden. Mitunter ist vorgesehen, dass Schichtpläne einvernehmlich geändert werden können, ohne die Betriebsvereinbarung aufzukündigen. In diesen Fällen bleiben Fragen offen: Werden veränderte Schichtpläne ebenfalls partizipativ entwickelt? Wie sind sie im betrieblichen Mitbestimmungsprozess verankert? Die Mitbestimmung und Beteiligung der Beschäftigten wird großteils hinreichend erwähnt. Jedoch stehen häufig die betrieblichen Belange oder zumindest eine Einwilligung durch den Vorgesetzten im Vordergrund. Außerdem sind Formulierungen zur Partizipation

häufig nicht präzise genug. Begriffe wie »Betriebliche Belange« oder »Persönliche Wünsche der Arbeitnehmer« können unterschiedliche Aspekte beinhalten. Sie sollten daher konkret beschrieben werden.

Personalbedarf

Vielfach sind die Regelungen zur Ermittlung des Personalbedarfs, sofern sie überhaupt in einer Betriebsvereinbarung enthalten sind, eher unscharf formuliert. Eine genaue Vorgehensweise wird oft nicht beschrieben, die entsprechenden betrieblichen Kennzahlen bleiben häufig unberücksichtigt. Wichtig ist es, den Personalbedarf zu überprüfen, inwieweit er tatsächlich noch angemessen ist. Vor allem bei einer über längeren Zeitraum auftretenden Mehrarbeit sollte rechtzeitig nachgeforscht werden: Inwieweit ist sie beispielsweise auf ein schwankendes Auftragsvolumen, auf eine veränderte Arbeitsorganisation oder auf sonstige Einflüssen zurückzuführen? Dabei ist es ratsam, Ausfallzeiten wie Urlaub und Krankheit, die sich je nach Branche und Unternehmen stark unterscheiden können, für das eigene Unternehmen zahlenmäßig bzw. prozentual zu erfassen. Nur so ist gesichert, dass das eingesetzte Personal im Normalfall zahlenmäßig ausreicht, sich somit Mehrarbeit nicht dauerhaft etabliert oder Arbeitszeitkonten überlaufen.

Ankündigungsfristen

Die Ankündigungsfristen, die in den Betriebsvereinbarungen formuliert werden, sind oftmals sehr knapp. Dies kommt sicher der Flexibilität betrieblicher Abläufe zugute. Den Beschäftigten erschwert es hingegen, ihre Arbeits- und Freizeiten vorherzusehen und zu planen. Die Fristen sollten einen großen zeitlichen Rahmen vorsehen, damit die Beschäftigten sich darauf einstellen können.

Besondere Personengruppen

In den vorliegenden Unterlagen zu kontinuierlicher Schichtarbeit werden besondere Personengruppen kaum erwähnt. Man darf vermuten, dass a) in diesem Fall entweder die bestehenden gesetzlichen Grundlagen nur nicht wiederholt werden oder b) im Unternehmen gesonderte Vereinbarungen zu diesen Themen existieren. Darauf sollte in der Betriebsvereinbarung hingewiesen werden. In den vorliegenden Unterlagen zu kontinuierlicher Schichtarbeit werden zwar die gesetzlichen

Vorgaben nach § 6 ArbZG im Hinblick auf ältere Beschäftigte aufgenommen. Weitergehende Regelungen zur Belastungsminderung auch im Sinne einer Work-Life-Balance finden sich jedoch nicht ausdrücklich. Gerade angesichts des demographischen Wandels und der damit verbundenen verlängerten Lebensarbeitszeit sollte geprüft werden, wie Belastungen durch Nacht- und Schichtarbeit adäquat vermindert werden können. Hier bieten sich auch für kontinuierliche Schichtarbeit verschiedene Modelle von altersgemäßer Arbeitszeit an: Sie wurden bereits z. B. als Demografiefonds oder flexible Arbeitszeitregelungen in einigen Tarifverträgen vereinbart. Besondere Personengruppen wie Jugendliche, Frauen im Mutterschutz oder Leistungsveränderte hingegen werden in den ausgewerteten Vereinbarungen kaum erwähnt. Falls im Unternehmen gesonderte Vereinbarungen zu diesen speziellen Themen existieren, sollten darauf in der Betriebsvereinbarung verwiesen werden. Damit ist klar erkennbar, dass im Unternehmen Regelungen dazu bestehen.

Ungenaue Formulierungen

In den vorliegenden Vereinbarungen werden häufig unpräzise Formulierungen gewählt, vor allem bezüglich zeitlicher Fristen. Begriffe wie »rechtzeitig«, »kurzfristig« oder »zeitnah« sollten anhand konkreter Bedingungen oder Zahlen beschrieben werden. Nur so ist eindeutig, was darunter zu verstehen ist.

Ersatzruhetage für Sonntage

Auf die Regelung von Sonntagsarbeit und erforderlichen Ersatzruhetagen wird im Untersuchungsmaterial nicht explizit eingegangen. Dies ist eigentlich auch nicht notwendig, da die Bedingungen gesetzlich festgelegt sind. Im Hinblick darauf, dass diese Ausgleichstage in einem Schichtsystem fest eingeplant sein müssen, wäre es jedoch ratsam, die Vorgaben konkret aufzunehmen.

Springer

Oft arbeiten Unternehmen in mehreren Schichtsystemen sowie in Tag- bzw. Normalschicht. Beschäftigte aus allen Schichten werden als Vertretung vorgesehen. Der Einsatz von Beschäftigten aus anderen Schichten kann jedoch problematisch sein: z. B. wenn dadurch Doppelschichten entstehen, Ruhezeiten nicht eingehalten werden oder ein Arbeitseinsatz in der Freischicht erfolgt. Für die bzw. den Betroffenen gerät dabei der eigentliche Schichtrhythmus durcheinander, was sich insbesondere bei vollkontinuierlichen Schichtsystemen als ungünstig erweist.

5. Zusammenfassende Bewertung

Für die Einführung von kontinuierlicher Schichtarbeit werden einerseits betriebliche Gründe angeführt, wie z. B. Wettbewerbsfähigkeit. Weit häufiger jedoch werden mitarbeiterbezogene Ziele genannt, teils verbunden mit betrieblichen Zielen. Dabei stehen Beschäftigungssicherung und der Abbau von Mehrarbeit oder Belastungen im Vordergrund.

Hinsichtlich der zeitlichen Rahmenbedingungen bestehen manche Vereinbarungen lediglich aus einer Auflistung der Anfangs- und Endzeiten der Schichten. Ein konkreter Schichtplan wird nicht erwähnt und auch nicht, wer im Betrieb für die Erstellung der Schichtpläne zuständig ist. Andere Vereinbarungen enthalten komplette personenbezogene Einsatzpläne. Dies ermöglicht einerseits eine exakte und allseits nachvollziehbare Regelung, erfordert andererseits jedoch weitere Formulierungen, wie bei eventuellen Veränderungen vorgegangen werden soll.

Die ausgewerteten Vereinbarungen zeigen, dass es einige Variationen bei kontinuierlichen Schichtsystemen gibt. In der Regel handelt es sich um Systeme mit Früh-, Spät- und Nachtschichten – entweder stets von gleicher Länge oder von unterschiedlicher Länge z. B. an Werk- und Sonntagen. Die Länge der Schichten beträgt meist acht Stunden, allerdings wird häufig eine mögliche Ausdehnung bis auf zehn Stunden erwähnt. Mischformen von Schichten unterschiedlicher Länge kommen vor – hauptsächlich, um mit Zwölfstundenschichten am Wochenende mehr freie Zeit für die Beschäftigten zu erreichen. Alle Vereinbarungen enthalten Anfangs- und Endzeiten der einzelnen Schichten. Nicht immer werden diese Festlegungen ergänzt durch einen Schichtrahmenplan oder sogar einen personenbezogenen Schichtplan.

Die durchschnittliche wöchentliche Arbeitszeit ergibt sich größtenteils aus der Länge der täglichen Arbeitszeit sowie der Anzahl der in einem Schichtplan vorgesehenen Schichten über einen Schichtzyklus. Stimmt sie nicht mit der vereinbarten tariflichen Wochenarbeitszeit überein,

werden Regelungen zum zeitlichen oder finanziellen Ausgleich durch Frei- oder Zusatzschichten getroffen.
Schichtpläne, also die Abfolge der Schichten über einen bestimmten Schichtzyklus, werden in allen Vereinbarungen konkret beschrieben und häufig auch in Tabellenform niedergelegt. Ausdrücklich erwähnt werden häufig die Prinzipien der arbeitswissenschaftlichen Empfehlungen. Viele Regelungen sind im ArbZG festgelegt, z. B. die Länge der Pausen abhängig von der Länge der Arbeitszeit. Werden Vorgaben beibehalten, müssten sie in einer Betriebsvereinbarung nicht eigens erwähnt werden. Dennoch werden sie häufig mit Hinweis auf das ArbZG wiederholt. In einigen Betriebsvereinbarungen werden auch längere Pausenzeiten vereinbart, was vor allem bei Schichten, die länger als acht Stunden dauern, sinnvoll ist. Zudem werden Möglichkeiten zur Nahrungsaufnahme auch in Nachtschichten in den Betriebsvereinbarungen erwähnt. Eine Ruhezeit von elf Stunden ist gesetzlich vorgesehen, was ebenfalls häufig in Vereinbarungen eigens erwähnt wird. Auch auf die Einhaltung dieser Regelung in der Praxis, z. B. durch eine vorzeitige Beendigung der Schicht, wird konkret eingegangen. Einige Vereinbarungen aus dem Gesundheitsbereich thematisieren auch die gesetzlich vorgesehene Verkürzung der Ruhezeit.
Übergabezeiten stellen ein wichtiges Thema in Rahmen von Schichtarbeit dar. Daher werden häufig Art und Dauer der Wechsel zwischen den einzelnen Schichten geregelt bzw. deren Organisation der Belegschaft überantwortet.
In kontinuierlichen Schichtsystemen wird auch an Sonn- und Feiertagen gearbeitet. Die vorliegenden Betriebsvereinbarungen beschränken sich in der Regel auf die Darstellung des Schichtplans, ohne darauf einzugehen, ob oder dass für Sonntage ein Ersatzruhetag eingeplant ist. Ausführlicher sind dagegen die Regelungen zur Arbeit an Feiertagen. Eine mitarbeiterorientierte Wochenendbetonung wird häufig erreicht, indem für Samstage und teils auch für Sonntage Zwölfstundenschichten vereinbart werden.
Die vorgefundenen Regelungen zur Ermittlung des Personalbedarfs sind – sofern sie überhaupt in einer Betriebsvereinbarung erwähnt werden – eher unscharf formuliert. In diesem Zusammenhang sind in der Regel sowohl die Verantwortlichkeit der Vorgesetzten als auch das Mitbestimmungsrecht des Betriebsrates erwähnt. Vielfach wird in den

vorliegenden Vereinbarungen das Ziel genannt, Vertretungsmöglichkeiten aus den eigenen Reihen – so genannte Springer – zu organisieren. Der damit verbundene Vorteil, betriebsbezogene Kenntnisse und Erfahrungen optimal einzusetzen, hat sich allem Anschein nach durchgesetzt. Unternehmen, in denen auch Beschäftigte in Tagarbeit oder Normalschicht arbeiten, können dabei auf diese zurückgreifen, obwohl eine Vertretung aus dem Bereich der Schichtarbeit häufig bevorzugt wird, z. B. auch aus Gründen einer qualifizierten Vertretung.

Ausgleichsregelungen für Mehr- oder Minderarbeit durch Frei- bzw. Zusatzschichten sind gerade bei kontinuierlicher Schichtarbeit notwendig. Zum einen geht es in den vorliegenden Betriebsvereinbarungen bei Ausgleichsschichten um Freischichten, wenn die Wochenarbeitszeit im Schichtsystem höher ist als die tariflich vereinbarte Wochenarbeitszeit. Zum anderen müssen im umgekehrten Fall Zusatzschichten vereinbart werden. Bisweilen werden auch finanzielle Ausgleichsmöglichkeiten vereinbart.

Ausfallzeiten, wie Urlaub oder Krankheitstage, haben bei Schichtsystemen einen besonderen Stellenwert. Zunächst sehen Tarifverträge oft generell einen höheren Jahresurlaub als nach dem BUrlG vor. Zudem werden in Betriebsvereinbarungen speziell für Nacht- und Schichtarbeitskräfte zusätzliche Urlaubstage vereinbart. Die Berechnung von Ausfallzeiten ist bei Schichtarbeit mitunter kompliziert. Es gibt zwei Möglichkeiten, die Abwesenheitszeiten zu berücksichtigen: nach dem Ausfallprinzip oder nach dem Durchschnittsprinzip. In den vorliegenden Vereinbarungen kam ausschließlich das Ausfallprinzip zum Tragen. In diesem gelten nur die Arbeitstage, die laut Schichtplan gearbeitet werden, als Urlaubstage bzw. als Fehltage bei Krankheit.

Besondere Personengruppen wie Auszubildende, Jugendliche, Frauen im Mutterschutz werden oft gänzlich aus dem Schichtbetrieb herausgenommen. Möglicherweise existieren für sie gesonderte Regelungen, weshalb sie in den ausgewerteten Vereinbarungen kaum explizit berücksichtigt werden.

Die Altersgrenze, ab der Arbeitskräfte als ältere Beschäftigte gelten, liegt meist zwischen 50 und 55 Jahren. Gerade ältere Mitarbeiterinnen und Mitarbeiter werden oft von Schichtarbeit, vor allem von Nachtschichten, ausgenommen. Bei solchen Regelungen entsteht entweder eine ungleiche Personalstärke in den einzelnen Schichten oder die Schichtpläne werden planerisch und organisatorisch angepasst. Schwerbehinderte Beschäftigte und diesen Gleichgestellte werden in den Betriebsvereinbarungen häufig zusammen mit der Gruppe der älteren Beschäftigten genannt. Ihnen gilt ebenso eine besondere Fürsorge. Dem tragen die vorliegenden Vereinbarungen meist Rechnung, indem eine Umsetzung auf einen anderen Arbeitsplatz möglich ist.

Ebenfalls nach den Vorgaben des ArbZG gewähren viele Vereinbarungen Nachtarbeitskräften gleichen Zugang zu betrieblicher Weiterbildung und zu aufstiegsfördernden Maßnahmen wie den Tagarbeitskräften. Ausdrücklich erwähnt wird die Vorgabe, die Qualifizierungsmaßnahmen nicht in den geplanten Freischichten durchzuführen. Damit wird die erforderliche Erhol- und Freizeit der Schichtarbeiter nicht eingeschränkt.

Bei der Entwicklung und der Umsetzung neuer Arbeitszeiten sollten unbedingt möglichst alle Beteiligten – Arbeitgeber- und Arbeitnehmervertreter sowie Beschäftigte – eingebunden werden. Die Regelungen enthalten häufig einen endgültigen, z.T. bereits personenbezogenen Schichtplan. In einigen Fällen obliegt jedoch die Verantwortung für die konkrete Gestaltung den Vorgesetzten oder auch der Gruppe selbst. In diesen Fällen können natürlich die Belange der Mitarbeiterinnen und Mitarbeiter besser berücksichtigt werden. Häufig wird eine Erprobungsphase für ein neues Schichtmodell vereinbart, wenngleich manchmal über einen recht kurzen Zeitraum.

Bei jeder Gestaltung von Arbeitszeiten, so auch bei der Einführung von Schichtarbeit, hat der Betriebs- bzw. Personalrat ein Mitbestimmungsrecht. Damit ist er bereits an der Ausarbeitung der vorliegenden Vereinbarungen beteiligt. Es wird jedoch häufig zusätzlich vereinbart, über welche Rechte und Pflichten er im Rahmen der Mitbestimmung außerdem verfügt. Dies reicht von der Gestaltung des Schichtplans und dessen Änderungen über die Personalplanung bis hin zur personenbezogenen Zuweisung zu den einzelnen Schichten. Auch die Ausweitung eines einmal vereinbarten Schichtsystems auf andere Betriebsbereiche unterliegt der betrieblichen Mitbestimmung.

Nicht selten wird die Beteiligung der Beschäftigten in den Betriebsvereinbarungen angestrebt. Dabei wird häufig allgemein formuliert, dass die Wünsche der Beschäftigten berücksichtigt werden sollen. Gleichzeitig stehen jedoch auch die betrieblichen Erfordernisse im Vordergrund.

Mitunter sind teambezogene Entscheidungen bezüglich einzelner Aspekte oder kompletter Schichtpläne angedacht. Meist fehlt jedoch der Zusatz, dass dadurch der Arbeitgeber nicht aus der Fürsorgepflicht entlassen wird. Dies bezieht sich auch auf die Möglichkeiten eines Schichttauschs unter Kollegen: Hierbei ist eine hohe Zeitsouveränität einerseits erstrebenswert. Andererseits kann sie jedoch zu belastenden Schichtabfolgen führen.

Das Einführen oder Ändern von kontinuierlichen Schichtsystemen ist eine komplexe betriebliche Umstellung mit vielen verschiedenen Aspekten, die zu Problemen und Konflikten führen können. In der Regel sehen die Vereinbarungen eine abgestufte Vorgehensweise vor, wie sie als Standard auch für Betriebsvereinbarungen zu anderen Themen gültig sein kann. Zunächst suchen Beschäftigte und Vorgesetzte gemeinsam nach einer Lösung. Ist auf dieser Ebene kein Einvernehmen möglich, wird der Betriebsrat eingebunden. Wird auch dann keine Lösung erzielt, ist die Anrufung der Einigungsstelle die letzte Möglichkeit. Als spezielle Möglichkeit für den Prozess der Umsetzung neuer Arbeitzeiten kann eine Arbeitsgruppe oder Kommission eingerichtet werden, die Problemfälle begleitend bearbeitet.

6. Beratungs- und Gestaltungshinweise

In diesem Kapitel werden Anregungen gegeben, welche Aspekte in Betriebsvereinbarungen zur Regelung von kontinuierlichen Schichtsystemen aufgenommen werden sollten. Die Grundlage dafür sind die in den analysierten Regelungen vorgefundenen Formulierungen, die gesetzlichen Grundlagen zur Gestaltung von Nacht- und Schichtarbeit und insbesondere die arbeitswissenschaftlichen Empfehlungen.

6.1 Gestaltungsraster

Die Auswertung von Betriebs- und Dienstvereinbarungen zu kontinuierlicher Schichtarbeit ergab zahlreiche Hinweise auf eine Gestaltung von Vereinbarungen zu diesem Thema. Im folgenden Gestaltungsraster sind die wichtigsten Punkte aufgeführt. Es handelt sich hierbei nicht um eine vollständige Mustervereinbarung, sondern um eine Grundlage für die Vorbereitung von Verhandlungen sowie um eine Anregung für die mögliche Ausgestaltung einer eigenen Vereinbarung.

Ziele für die Einrichtung kontinuierlicher Schichtsysteme
- Unternehmensziele: Wettbewerbsfähigkeit des Unternehmens garantieren bzw. nachhaltig verbessern, Funktionsfähigkeit der betrieblichen Systeme sicherstellen, Ressourcen besser einsetzen
- Mitarbeiterbedürfnisse: Mehrarbeit und Mehrbelastung (z. B. durch Überstunden) vermeiden, Arbeitszeiten human gestalten, ArbZG sowie die arbeitswissenschaftlichen Empfehlungen einhalten, vorhersehbare Einsatzpläne gewährleisten, Wochenenden möglichst arbeitsfrei gestalten

Geltungsbereich
- örtlich: Gesamtbetrieb, Standort, Abteilung, Team
- persönlich: die gesamte Belegschaft, Schichtarbeitskräfte, Vollzeitbeschäftigte
- Ausnahmen festlegen: z. B. Jugendliche, Auszubildende, Ältere, Frauen im Mutterschutz
- zeitlich: Geltungsdauer des neuen Schichtsystems oder einer Pilotphase

Betriebszeiten
- Rahmenbedingungen und Genehmigungen für Sonntags- und Feiertagsarbeit

Lage, Dauer und Verteilung der Arbeitszeiten/Schichten
- tägliche Arbeitszeit: Beginn und Ende der einzelnen Schichten, ggf. Ausnahmeregelungen, Wechselzeitpunkte, Übergabe-, Wasch- und Umkleidezeiten, tägliche Ruhezeiten
- Pausenregelungen, Pausenräume und Verpflegungsmöglichkeiten
- wöchentliche bzw. jährliche Arbeitszeit: individuelle Arbeitszeit im Schichtsystem (ggf. im Vergleich zur tariflich vereinbarten wöchentlichen Arbeitszeit)
- Schichtpläne: Lage, Dauer und Abfolge der Schichten, Arbeitstage in der Woche, konkrete Pläne in der Vereinbarung bzw. als Anlage
- Arbeit an Sonn- und Feiertagen: Arbeitseinsatz an Feiertagen planen, Ersatzruhetage möglichst im Schichtplan festlegen
- Work-Life-Balance: Arbeit und Freizeit mitarbeiterorientiert verteilen: in der Woche, über das Jahr sowie über das gesamte Berufsleben insbesondere für Familien und Ältere

Personalbedarf und Mindestbesetzung von Schichten
- Anzahl von Beschäftigten pro Schicht, Vertretungsregelungen, Personalbedarfsermittlung

Verkürzung oder Verlängerung von Arbeitszeiten, Freischichten und Zusatzschichten
- Rahmenbedingungen: Anzahl und Lage von Frei- oder Zusatzschichten, länger- oder kurzfristige Planung, Ankündigungsfristen, Arbeitszeitkonten einrichten

- Geschäftsleitung: Rechte zur Anordnung von Mehr- oder Minderarbeit
- Beschäftigte: freiwillige Leistung von Mehrarbeit, Rechte zur Entnahme von Freischichten, Möglichkeiten zum Schichttausch

Urlaubsregelungen
- Sonder- oder Zusatzurlaub, Schichtlängen sowie Arbeits- und Freischichten auf Urlaubstage anrechnen

Arbeits- und Gesundheitsschutz
- arbeitswissenschaftliche Empfehlungen, Gefährdungsbeurteilungen
- arbeitsmedizinische Vorsorge
- Umsetzung auf Tagarbeit

Teilzeit
- Regelungen vorrangig für Familien und Ältere sowohl bezüglich der täglichen Arbeitszeit (Schichtlänge) als auch bezüglich der Anzahl der Schichten im Schichtzyklus wochen-, monats- oder jahresweise gestalten

Wechsel von Schichtsystemen
- alternative Schichtmodelle: konkrete Pläne in der Vereinbarung bzw. als Anlage
- konkrete Bedingungen für den Wechsel

Mitbestimmung von Betriebsrat und Information von Beschäftigten
- Informationen über betriebliche Entwicklungen, paritätisch besetzte Gesprächsrunden, Unberührtheit der Mitbestimmung durch den BR, Informationsverpflichtung der Geschäftsleitung/Vorgesetzten
- Information und Partizipation von Beschäftigten

Umsetzungsprozess
- Zeitpunkt und Dauer, ggf. Pilotphase, Verhandlungsverpflichtung bei Änderung, Ankündigungsfristen
- Verantwortlichkeit für Dienstpläne und Flexibilisierung, partizipative Vorgehensweise

Regeln für den Konfliktfall
- Stufenmodell für Konfliktbearbeitung und -lösung, paritätische Kommission, Kompetenzen und Entscheidungsdurchsetzung der Kommission, Anrufung (Einsetzen) einer Einigungsstelle

6.2 Ausgangspunkte für die gestaltende Einflussnahme durch die Interessenvertretung

Gründe für Nacht- und Schichtarbeit bestehen darin, a) die Bevölkerung jederzeit zu versorgen, b) die Wettbewerbsfähigkeit zu steigern und c) eine verbesserte gesellschaftliche Serviceleistung zu bieten. Die Vorteile, die Nacht- und Schichtarbeit mit sich bringen und die als Begründung für deren Einführung und Ausweitung herangezogen werden, führen aber auch zu negativen Konsequenzen. So ist die Belastung und Beanspruchung der Beschäftigten in Nacht- und Schichtarbeit stärker als bei jenen, die zu normalen Tageszeiten arbeiten. Sie wirkt sich sowohl auf die Schichtarbeitenden selbst aus als auch auf deren Familie und Freizeit. Diese Ausgangslage beeinflusst sowohl die Planung und Gestaltung von Schichtsystemen als auch deren Umsetzung im Betriebsalltag. An beiden Punkten setzt die gestaltende Einflussnahme durch die Interessenvertretung an (vgl. Grzech-Sukalo/Hänecke, 2011).

Planung und Gestaltung
Es ist wichtig, dass die Vertreter des Betriebs- oder Personalrats über die Möglichkeiten, Grenzen und Auswirkungen von Nacht- und Schichtarbeit informiert sind. Nur so können sie in Verhandlungen zu den entsprechenden Vereinbarungen gesetzes- und tarifkonforme Vorgaben durchsetzen und den Arbeits- und Gesundheitsschutz der Beschäftigten als Ziel verfolgen. Dazu ist ein fundiertes Hintergrundwissen erforderlich, z. B. hinsichtlich der Desynchronisation (→ Glossar) durch die Arbeit zu ungewöhnlichen Tageszeiten. Denn durch die Verschiebung des Wach-Schlaf-Rhythmus, unregelmäßige und ungesunde Ernährung, chronische Müdigkeit und Erschöpfung können die physiologischen Funktionen des Beschäftigten aus dem Gleichgewicht geraten. Be-

schwerden wie Schlafstörungen, Appetitstörungen, Magen-Darm-Erkrankungen, Herz-Kreislauf-Erkrankungen sowie psychovegetative Erkrankungen können die Folgen sein. Daneben leben wir erwiesenermaßen in einer so genannten Abend- und Wochenendgesellschaft, in der gerade die Abendstunden und Wochenendzeiten besonders hoch geschätzt werden. Schichtarbeitskräfte können jedoch an diesen sozial gut nutzbaren Zeiten häufig nicht teilhaben. Diese soziale Desynchronisation beeinträchtigt das Freizeit- und Familienleben. Besondere Aufmerksamkeit gilt in diesem Zusammenhang § 6 ArbZG, in dem die Vorgaben für Nacht- und Schichtarbeiter festgelegt sind. Hier geht es insbesondere um den Gesundheitsschutz der Beschäftigten, die zu ungünstigen Zeiten und in einem ungünstigen Rhythmus arbeiten. Hinsichtlich Dauer, Lage und Verteilung der einzelnen Schichten müssen die gesicherten arbeitswissenschaftlichen Erkenntnisse zur menschengerechten Gestaltung von Nacht- und Schichtarbeit berücksichtigt werden. Diese beinhalten u. a. soziale und individuelle Aspekte sowie Regelungen für besondere Mitarbeitergruppen. Bei Vergütungsregelungen und Zulagen sollte ein zeitlicher gegenüber einem finanziellen Ausgleich bevorzugt werden – im Sinne einer zu reduzierenden Belastung.

In all diesen Punkten kann die Interessenvertretung Einfluss nehmen, indem sie ihr Wissen in die Verhandlungen einbringt und im weiteren Verlauf an die Beschäftigten weitergibt. Ein partizipativer Gestaltungsprozess, der auch die Mitarbeiterinnen und Mitarbeiter beteiligt, erhöht die Akzeptanz neuer oder veränderter Arbeitszeiten und damit auch die Leistungsfähigkeit und Motivation der Beschäftigten. Dies muss der Betriebsrat jedoch nicht unbedingt allein bewältigen: Idealerweise verfolgt er dieses Ziel gemeinsam mit dem Arbeitgeber und greift ggf. auf externe Beratung zurück.

Umsetzung

Bei der Umsetzung eines entwickelten Schichtsystems sollte der Betriebsrat darauf achten, dass auch hier in einem partizipativen Prozess vorgegangen und die Belegschaft beteiligt wird. Dies ist umso wichtiger, wenn den Beschäftigten in einer Vereinbarung zur Arbeitszeit z. B. eine höhere Planungs- und Zeitsouveränität eingeräumt wird. Da Arbeitszeitgestaltung eng mit arbeitsorganisatorischen und personellen Strukturen verbunden ist, muss der Betriebs- oder Personalrat für ein neues

Schichtsystem auf jeden Fall eine Übergangs- oder Pilotphase anstreben. Deren Umsetzung im betrieblichen Alltag und deren Auswirkungen auf die Beschäftigten wird entsprechend bewertet und überprüft (evaluiert). Als Folge daraus kann das System verändert bzw. verbessert werden. Idealerweise ist ein solches Vorgehen bereits in der Vereinbarung vorgeschrieben. Die Einflussnahme der Interessenvertretung endet somit nicht mit dem Abschluss der Vereinbarung.

6.3 Wesentliche rechtliche Grundlagen

Arbeitszeitgestaltung richtet sich vorrangig nach den Vorgaben des ArbZG. Dieses wird für bestimmte Gruppen ergänzt, beispielsweise durch das JArbSchG oder das MuSchG. Neben allgemeinen Regeln z. B. für tägliche Arbeitszeit, Pausen, Ruhezeiten oder Sonntagsarbeit ist im Falle von Nacht- und Schichtarbeit vor allem § 6 ArbZG zu beachten. Er gewährt Nacht- und Schichtarbeitskräften aufgrund ihrer Arbeitszeiten jenseits einer Normal- bzw. Tagarbeitszeit besonderen Schutz. Demnach muss ihre Arbeitszeit nach gesicherten arbeitswissenschaftlichen Erkenntnissen gestaltet werden, um den Arbeits- und Gesundheitsschutz zu gewährleisten.

Für die betriebliche Mitbestimmung sind die Regelungen des BetrVG sowie des BPersVG relevant. Das darin formulierte Mitbestimmungsrecht des Betriebs- oder Personalrates gilt für die Gestaltung von Dauer, Lage und Verteilung der Arbeitszeit. Es gehört zu seinen Aufgaben, dafür zu sorgen, dass gesetzliche Vorschriften und tarifliche Vorgaben zugunsten der Beschäftigten durchgesetzt und eingehalten werden und entsprechend in den Betriebsvereinbarungen verankert sind. Dabei müssen auch Dauer, Lage und Verteilung der Arbeitszeit bedacht werden, da sie unmittelbar die Freizeitanteile der Beschäftigten beeinflussen.

7. Bestand der Vereinbarungen

Art der Vereinbarung	Anzahl absolut	Art der Vereinbarung	Anzahl absolut
Betriebsvereinbarung	38	Gesamtbetriebsvereinbarung	1
Dienstvereinbarung	2	Regelungsabrede	1
Entwurf einer Betriebsvereinbarung	1		
Gesamt			43

Tabelle 1: Art und Anzahl der Vereinbarungen

Branchen	Anzahl absolut
Chemische Industrie	6
Datenverarbeitung u. Softwareentwicklung	1
Elektro	1
Energiedienstleister	2
Fahrzeughersteller Kraftwagen	1
Fahrzeughersteller sonstiger Fahrzeuge	1
Forschung und Entwicklung	3
Gesundheit und Soziales	4
Glas- und Keramikgewerbe	1
Gummi- und Kunststoffherstellung	1
Kreditgewerbe	1
Maschinenbau	1
Mess-, Steuer- und Regelungstechnik	1
Metallerzeugung und -bearbeitung	3

Branchen	Anzahl absolut
Mineralölverarbeitung	3
Öffentliche Verwaltung	2
Papiergewerbe	5
Textilgewerbe	2
Unternehmensbezogene Dienstleistungen	3
Verlags- und Druckgewerbe	1
Gesamt	43

Tabelle 2: Verteilung der Vereinbarungen nach Branchen

Abschlussjahr	Anzahl absolut	Abschlussjahr	Anzahl absolut
1989	1	2001	1
1994	1	2002	1
1995	5	2003	2
1996	2	2004	4
1997	4	2005	2
1998	2	2006	4
1999	3	2007	6
2000	2	2008	3
Gesamt			43

Tabelle 3: Abschlussjahr der Vereinbarungen

Glossar

Arbeitswissenschaftliche Erkenntnisse
Nach dem ArbZG muss die Arbeitszeit der Nacht- und Schichtarbeitenden »nach den gesicherten arbeitswissenschaftlichen Erkenntnissen über die menschengerechte Gestaltung der Arbeit« gestaltet werden. Diese beruhen auf arbeitsmedizinischen Untersuchungen, insbesondere aus den Bereichen Arbeitsmedizin, -physiologie, -psychologie und Ergonomie. Ziel ist es, die unweigerlich stärkere Belastung durch Schicht- und besonders durch Nachtarbeit so gering wie möglich zu halten. Im Sinne des Arbeitsschutzes soll den Beschäftigten eine angemessene Zeit zur Erholung sowie zur Nutzung des Familien- und Freizeitlebens gewährleistet werden und somit ihre Gesundheit langfristig gesichert und erhalten bleiben. Konkret beziehen sich die Empfehlungen auf: die Anzahl von Nachtschichten, die erforderliche Ruhezeit nach Nachtschichten, ausreichende Wochenendfreizeit, Vermeidung ungünstiger Schichtfolgen, Beginn der Frühschichten, flexible Schichtwechselzeiten, Vermeidung von verdichteten Arbeitszeiten, Vorhersehbarkeit und Überschaubarkeit der Schichtpläne sowie ein partizipatives Vorgehen bei der Entwicklung und Umsetzung von Schichtsystemen.

Ausfallzeiten
Unterscheidet sich die Anzahl der Schichten in einem Schichtsystem von Woche zu Woche, gibt es zwei Möglichkeiten, Ausfallzeiten oder Abwesenheitszeiten (z. B. Urlaub) zu berücksichtigen: nach dem Ausfallprinzip oder nach dem Durchschnittsprinzip. Bei kontinuierlicher Schichtarbeit wird in der Regel das Ausfallprinzip angewendet. Dabei werden nur die nach dem Schichtplan tatsächlich als Arbeitstage eingetragenen Tage als Urlaubs- bzw. Krankheitstage berechnet. Das bedeutet, dass auch nur für diese Tage ein Anspruch auf Lohnfortzahlung besteht. Eigentlich arbeitsfreie Tage (Freischichten) bleiben unberücksichtigt.

Betriebszeiten
Betriebszeiten sind die Stunden am Tag und die Anzahl der Tage in der Woche, zu denen der Betrieb arbeitet. Sie liegen generell im Ermessen des Arbeitgebers und werden von der Unternehmensleitung entschieden. Können Betriebszeiten nicht mehr mit einer regulären Achtstundenschicht abgedeckt werden, müssen die Arbeitszeiten der Beschäftigten ausgedehnt werden, z. B. durch Gleitzeit oder weitere Schichten. Bei → diskontinuierlichen Schichtsystemen besteht zumeist eine Betriebsruhe am Wochenende und/oder in der Nacht.

Desynchronisation
Für Menschen in Nacht- und Schichtarbeit verschieben sich die Zeiten von Arbeit und Schlaf: Häufig müssen sie nachts arbeiten, wenn der Körper auf Erholung und Ruhe eingestellt ist. Am Tage hingegen ist der Körper auf Aktivität ausgerichtet, möchte jedoch nach einer Nachtschicht schlafen. Diese innere körperliche Uhr, nach der alle Menschen leben, nennt man auch Circadianperiodik. Durch die ungewöhnlichen Arbeitszeiten können die physiologischen Funktionen des Beschäftigten aus dem Gleichgewicht geraten. Dieser Vorgang wird auch als physiologische Desynchronisation bezeichnet. Durch Verschiebung des Wach-Schlaf-Rhythmus, unregelmäßige und ungesunde Ernährung, chronische Müdigkeit und Erschöpfung können bestimmte Beschwerden auftreten: z. B. Schlafstörungen, Appetitstörungen, Magen-Darm-Erkrankungen, Herzkreislauferkrankungen sowie psychovegetative Erkrankungen.

Diskontinuierliche Schichtsysteme
Arbeit in diskontinuierlichen Schichtsystemen findet mindestens an zwei unterschiedlichen Zeiten am Tage (Früh-/Spätschicht) statt und dehnt sich auch über eine Fünftagewoche hinaus z. B. auf den Samstag aus. Diskontinuierliche Schichtarbeit wird vorrangig eingesetzt, wenn vor allem an Werktagen gearbeitet werden soll: sei es, weil es für die Leistungserbringung des Betriebes ausreicht oder weil keine Genehmigung für Sonntagsarbeit vorliegt.

Kontinuierliche Schichtsysteme
Kontinuierliche Schichtarbeit in einer Organisation bedeutet, dass die gesamte Woche »rund um die Uhr«, also 168 Stunden in der Woche gearbeitet und ggf. produziert wird. Die so genannte Normal- oder Regelarbeitszeit wird für Vollzeitkräfte in der Lage selten variiert und ist auf sieben Wochentage verteilt. Die Arbeitszeiten in kontinuierlichen Schichtsystemen finden meist in Früh-, Spät- und Nachtschichten statt. Somit sind sowohl Nachtarbeit als auch Sonntags- und ggf. auch Feiertagsarbeit enthalten.

Personalbedarf
Der Personalbedarf legt fest, wie viele Beschäftigte von welcher Qualifikation zu welchen Zeiten benötigt werden, um die Arbeitsaufgaben zu erledigen. Für die Erstellung von Schichtplänen ist die laut Personalbedarf erforderliche Anzahl der Beschäftigten in den verschiedenen Schichten wichtig. Um eine Reserve einzuplanen, müssen möglichst genaue Informationen über Ausfallzeiten wie z. B. Urlaub, Weiterbildung, Krankenstand, Fluktuation vorliegen. Durchschnittlich werden diese Ausfallzeiten mit 17 bis 20% angenommen. Eine ungenügende Personaldecke kann zu Arbeitsverdichtung und damit zu erhöhter Belastung der anwesenden Arbeitskräfte führen.

Rotationsgeschwindigkeit
Je höher die Anzahl aufeinanderfolgender gleicher Schichten, umso eher ist ein Schichtsystem langrotiert. Ein wochenweiser Wechsel ist dafür ein Beispiel. Wechseln die unterschiedlichen Schichtarten in einem schnellen Rhythmus, so spricht man von kurzrotierten Systemen. Ein Beispiel dafür ist die Abfolge von zwei Früh-, zwei Spät- und drei Nachtschichten. Kurzrotierte Schichtsysteme sollten bevorzugt werden, da sie sich weniger negativ auswirken als langrotierte Systeme.

Rotationsrichtung
In Schichtsystemen bedeutet die Rotationsrichtung die Abfolge der einzelnen Schichten im Schichtplan der Beschäftigten. Die Abfolge Früh/Spät/Nacht stellt eine Vorwärtsrotation dar, die arbeitswissenschaftlich als günstiger bewertet wird. Eine Rückwärtsrotation bedeutet die Abfolge Früh/Nacht/Spät.

Schichtzyklus
Ein Schichtzyklus umfasst die Folge von Arbeits- und Freizeittagen, die sich periodisch wiederholt. Bei kontinuierlicher Schichtarbeit sind dies mindestens vier Wochen, es können jedoch auch mehr Wochen sein.

Literatur- und Internethinweise

Literatur

Angerer, Peter/Petru, Raluca (2010): Schichtarbeit in der modernen Industriegesellschaft und gesundheitliche Folgen, in: Somnologie, Heft 14, S. 88–97, Heidelberg
Anzinger, Rudolf/Koberski, Wolfgang (2005): Kommentar zum Arbeitszeitgesetz, 2. überarb. Auflage, Frankfurt am Main
Beermann, Beate (2005): Leitfaden zur Einführung und Gestaltung von Nacht- und Schichtarbeit, Bundesanstalt für Arbeitsschutz und Arbeitsmedizin (Hg.), Dortmund
Beermann, Beate (2008 a): Gestaltung von Nacht- und Schichtarbeit, in: Kiesche, E./Wilke, M. (Hg.) (2008): Arbeitszeiten gesundheitsverträglich gestalten, S. 32–34, Kaufungen
Beermann, Beate (2008 b): Nacht- und Schichtarbeit: ein Problem der Vergangenheit?, Bundesanstalt für Arbeitsschutz und Arbeitsmedizin (Hg.), Dortmund
Böker, Karl-Hermann (2010): Rufbereitschaft, Reihe Betriebs- und Dienstvereinbarungen/Kurzauswertung, Hans-Böckler-Stiftung (Hg.), Düsseldorf, Download unter www.boeckler.de/betriebsvereinbarungen
Gärtner, Johannes u. a. (2007): Handbuch Schichtpläne: Planungstechnik, Entwicklung, Ergonomie, Umfeld, 2. Auflage, Zürich
Grzech-Sukalo, Hiltraud/Hänecke, Kerstin (2007): Schichtplangestaltung, in: Landau, Kurt (Hg.) (2007): Lexikon Arbeitsgestaltung – Best Practice im Arbeitsprozess, S. 1113–1115, Stuttgart
Grzech-Sukalo, Hiltraud/Hänecke, Kerstin (2010): Flexible Schichtsysteme, Reihe Betriebs- und Dienstvereinbarungen, Hans-Böckler-Stiftung (Hg.), Frankfurt am Main
Grzech-Sukalo, Hiltraud/Hänecke, Kerstin (2011): Diskontinuierliche Schichtsysteme, Reihe Betriebs- und Dienstvereinbarungen, Hans-Böckler-Stiftung (Hg.), Frankfurt am Main

Knauth, Peter/Hornberger, Sonia (1997): Schichtarbeit und Nachtarbeit, Bayerisches Staatsministerium für Arbeit und Sozialordnung, Familie, Frauen und Gesundheit (Hg.), München
Knauth, Peter/Schönfelder, Eva (1992): Gestaltung diskontinuierlicher Schichtpläne für die Metall- und Elektro-Industrie unter Berücksichtigung arbeitswissenschaftlicher Erkenntnisse, in: Angewandte Arbeitswissenschaft, Heft 132, S. 1–31, Köln
Knauth, Peter (2007): Schicht- und Nachtarbeit, in: Landau, Kurt (Hg.) (2007): Lexikon der Arbeitsgestaltung – Best Practice im Arbeitsprozess, S. 1105–1112, Stuttgart
Romahn, Regine (2007): Eingliederung von Leistungsveränderten, Reihe Betriebs- und Dienstvereinbarungen, Hans-Böckler-Stiftung (Hg.), Frankfurt am Main
Scheflinghaus, Wolfgang (2006): Besser leben mit Schichtarbeit, BKK-Bundesverband Essen (Hg.), 7., überarb. Ausgabe, Essen
Schliemann, Harald/Förster, Gottlieb/Meyer, Jürgen (1997): Arbeitszeitrecht, Berlin

Internethinweise

Internetseite der Bundesanstalt für Arbeitsschutz und Arbeitsmedizin; Informationen, Veröffentlichungen und Praxishilfen: *www.baua.de*

Internetseite der Initiative Neue Qualität der Arbeit (inqa) zum Thema »Beratungs- und Unterstützungsangebote für die Arbeitszeitgestaltung und die Planung von Schichtarbeit in der Produktion«: *www.inqa.gawo-ev.de/cms*

Internetseite des Forums Kirche und Gewerkschaften der Hans-Böckler-Stiftung zum Thema Arbeitszeit: *www.arbeit-leben-zeit.de*

Internetseite der IG Metall, Arbeitszeitinitiative »Arbeiten ohne Ende«: *www.igmetall.de*

Gesetze
Arbeitsschutzgesetz vom 7. August 1996 (BGBl. I S. 1246), zuletzt geändert durch Artikel 15 Abs. 89 des Gesetzes vom 5. Februar 2009 (BGBl. I S. 160)

Arbeitszeitgesetz vom 6. Juni 1994 (BGBl. I S. 1170, 1171), zuletzt geändert durch Artikel 7 des Gesetzes vom 15. Juli 2009 (BGBl. I S. 1939)
Betriebsverfassungsgesetz in der Fassung der Bekanntmachung vom 25. September 2001 (BGBl. I S. 2518), zuletzt geändert durch Artikel 9 des Gesetzes vom 29. Juli 2009 (BGBl. I S. 2424)
Bundespersonalvertretungsgesetz vom 15. März 1974 (BGBl. I S. 693), zuletzt geändert durch Artikel 7 des Gesetzes vom 5. Februar 2009 (BGBl. I S. 160)
Bundesurlaubsgesetz in der im Bundesgesetzblatt Teil III, Gliederungsnummer 800-4 veröffentlichten bereinigten Fassung, zuletzt geändert durch Artikel 7 des Gesetzes vom 7. Mai 2002 (BGBl. I S. 1529)
Jugendarbeitsschutzgesetz vom 12. April 1976 (BGBl. I S. 965), zuletzt geändert durch Artikel 3 Absatz 2 des Gesetzes vom 31. Oktober 2008 (BGBl. I S. 2149)
Mutterschutzgesetz in der Fassung der Bekanntmachung vom 20. Juni 2002 (BGBl. I S. 2318), zuletzt geändert durch Artikel 14 des Gesetzes vom 17. März 2009 (BGBl. I S. 550)
Sozialgesetzbuch Neuntes Buch (IX) – Rehabilitation und Teilhabe behinderter Menschen vom 19. Juni 2001 (BGBl. I S. 1046), zuletzt geändert durch Artikel 6 Abs. 8 des Gesetzes vom 20. Juni 2011 (BGBl. I S. 1114)

Das Archiv Betriebliche Vereinbarungen der Hans-Böckler-Stiftung

Die Hans-Böckler-Stiftung verfügt über die bundesweit einzige bedeutsame Sammlung betrieblicher Vereinbarungen, die zwischen Unternehmensleitungen und Belegschaftsvertretungen abgeschlossen werden. Derzeit enthält unser Archiv etwa 12 000 Vereinbarungen zu ausgewählten betrieblichen Gestaltungsfeldern.

Unsere breite Materialgrundlage erlaubt Analysen zu betrieblichen Gestaltungspolitiken und ermöglicht Aussagen zu Trendentwicklungen der industriellen Beziehungen in deutschen Betrieben. Regelmäßig werten wir betriebliche Vereinbarungen in einzelnen Gebieten aus. Leitende Fragen dieser Analysen sind: Wie haben die Akteure die wichtigsten Aspekte geregelt? Welche Anregungen geben die Vereinbarungen für die Praxis? Wie ändern sich Prozeduren und Instrumente der Mitbestimmung? Existieren ungelöste Probleme und offene Fragen? Die Analysen betrieblicher Vereinbarungen zeigen, welche Regelungsweisen und -verfahren in Betrieben bestehen. Die Auswertungen verfolgen dabei nicht das Ziel, Vereinbarungen zu bewerten, die Hintergründe und Strukturen in den Betrieben und Verwaltungen sind uns nicht bekannt. Ziel ist es, betriebliche Regelungspraxis abzubilden, Trends aufzuzeigen und Gestaltungshinweise zu geben.

Bei Auswertungen und Zitaten aus Vereinbarungen wird streng auf Anonymität geachtet. Die Kodierung am Ende eines Zitats bezeichnet den Standort der Vereinbarung in unserem Archiv und das Jahr des Abschlusses. Zum Text der Vereinbarungen haben nur Mitarbeiterinnen des Archivs und Autorinnen und Autoren Zugang.

Zusätzlich zu diesen Auswertungen werden vielfältige anonymisierte Auszüge aus den Vereinbarungen auf der beiliegenden CD-ROM und der Online-Datenbank im Internetauftritt der Hans-Böckler-Stiftung zusammengestellt.

Unser Ziel ist es, anschauliche Einblicke in die Regelungspraxis zu geben und Vorgehensweisen und Formulierungen anzuregen. Darüber hinaus, gehen wir in betrieblichen Fallstudien gezielt Fragen nach, wie die abgeschlossenen Vereinbarungen umgesetzt werden und wie die getroffenen Regelungen in der Praxis wirken.

Das Internetangebot des Archivs Betriebliche Vereinbarungen ist unmittelbar zu erreichen unter
www.boeckler.de/betriebsvereinbarungen. Anfragen und Rückmeldungen richten Sie bitte an *betriebsvereinbarung@boeckler.de* oder direkt an
Dr. Manuela Maschke
0211-7778-224, E-Mail: Manuela-Maschke@boeckler.de
Jutta Poesche
0211-7778-288, E-Mail: Jutta-Poesche@boeckler.de
Henriette Pohler
0211-7778-167, E-Mail: Henriette-Pohler@boeckler.de

Stichwortverzeichnis

ältere Beschäftigte 72, 106, 110
Ankündigungsfrist 91, 98, 99
Arbeits- und Gesundheitsschutz 11, 37, 65, 72, 115, 116, 118
arbeitsmedizinische Untersuchung 68
Arbeitswissenschaftliche Erkenntnisse 13, 103, 121
Arbeitszeitgesetz 11, 125, 126
Ausfallprinzip 63, 64, 110, 121
Ausfallzeiten 44, 47, 53, 64, 65, 105, 110, 121, 123
Ausgleichsregelungen 29, 53, 54, 59, 110
Auszubildende 110, 114

Belastung 13, 14, 16, 20, 34, 49, 66, 74, 104, 116, 117, 121, 123
Betriebszeiten 21, 22, 114, 122

Desynchronisation 13, 15, 116, 122
Durchschnittsprinzip 63, 110, 121

Einigungsstelle 100, 101, 102, 112, 116
Erholzeit 30, 103

Ernährung 116, 122
Evaluation 82

Familie 14, 15, 17, 18, 34, 67, 68, 93, 116, 125
Feiertage 22, 42, 43, 44, 94
Fortbildung 53, 75
Frauen 70, 71, 106, 110, 114, 125
Freischichten 50, 53, 54, 55, 56, 62, 63, 65, 67, 75, 97, 98, 99, 100, 102, 110, 111, 114, 115, 121
Freiwilligkeit 104
Freizeit 14, 15, 17, 30, 39, 48, 67, 68, 75, 77, 84, 89, 93, 98, 103, 111, 114, 116, 117
Frühschicht 15, 24, 25, 26, 27, 31, 32, 34, 37, 68
Fürsorgepflicht 34, 78, 93, 95, 96, 104, 112

Gefährdungsbeurteilungen 115
Geltungsdauer 80, 81, 98, 114
Gesundheit 13, 21, 35, 38, 39, 52, 64, 65, 67, 69, 78, 79, 80, 86, 95, 119, 121, 125
Gesundheitsschutz 18, 22, 37, 39, 65, 115, 117, 118

Jahresschichtplan 29
Jugendarbeitsschutzgesetz 10,
　71, 127
Jugendliche 70, 71, 72, 106, 110,
　114

Konflikte 100
Krankheit 48, 50, 51, 53, 64, 65,
　93, 105, 110
Kündigung 81, 82, 83, 87, 91, 92
Kurzpausen 33, 36

Lohnfortzahlung 63, 64, 121

Mindestbesetzung 46, 49, 114
Mitbestimmung 48, 87, 104, 111,
　115, 118, 128
Müdigkeit 116, 122
Mutterschutz 70, 71, 106, 110,
　114

Nachtarbeit 11, 12, 13, 14, 16,
　24, 62, 69, 121, 123, 125,
　126
Nachtschicht 12, 13, 15, 16, 22,
　24, 25, 26, 27, 28, 30, 31, 32, 34,
　37, 40, 52, 66, 68, 74, 122

Partizipation 104, 115
Pausen 33, 34, 35, 36, 37, 74, 86,
　104, 109, 118
Pausenräume 36, 74, 114
Personalbedarf 44, 46, 51, 105,
　114, 123
Pilotphase 82, 83, 114, 115,
　118
Planungssicherheit 57, 102

Rotationsgeschwindigkeit 12, 14
Rotationsrichtung 12, 15, 32, 123
Rückwärtsrotation 14, 15, 123
Ruhezeiten 37, 39, 45, 50, 103,
　107, 114, 118

Schichtabfolge 12, 15, 32, 37, 76,
　79
Schichtarbeit 9, 11, 12, 13, 14, 18,
　19, 20, 22, 24, 35, 36, 37, 39, 47,
　48, 53, 55, 67, 69, 70, 71, 72, 74,
　77, 84, 87, 88, 90, 92, 101, 103,
　105, 108, 109, 110, 111, 113,
　116, 118, 121, 122, 123, 124,
　125, 126
Schichtbelegschaft 36, 45, 47, 75
Schichtmodell 20, 31, 53, 57, 82,
　83, 111
Schichtplan 22, 28, 29, 30, 31, 42,
　43, 45, 47, 51, 55, 57, 60, 63, 64,
　76, 78, 79, 80, 81, 87, 88, 94, 97,
　103, 108, 110, 111, 114, 121,
　123
Schichttausch 92, 94, 95, 96, 115
Schichtwechselzeiten 16, 121
Schichtzyklus 12, 15, 22, 28, 31,
　32, 108, 109, 115, 124
Schlafstörungen 117, 122
Schwerbehinderte 72, 111
Sonntage 26, 106, 109
Spätschicht 16, 22, 24, 25, 26, 27,
　31, 32, 34, 59, 68, 71, 73, 122
Springer 49, 50, 51, 106, 110

Tagdienst 48, 49
Tagesrhythmus 13
Tägliche Arbeitszeiten 23

Tarifvertrag 10, 28, 36, 39
Teilzeit 51, 52, 115

Übergabezeiten 24, 40, 60, 109
Umkleide- und Waschzeiten 40, 41
Urlaub 44, 47, 53, 61, 62, 64, 93, 102, 105, 110, 121, 123

Verpflegung 74
Vertretungsregelung 31

Vollzeitbeschäftigte 114
Vorhersehbarkeit 34, 57, 99, 121
Vorwärtsrotation 12, 32, 123

Wach-Schlaf-Rhythmus 116, 122
Work-Life-Balance 18, 93, 106, 114

Zusatzschichten 53, 56, 57, 58, 59, 80, 92, 96, 97, 98, 99, 104, 109, 110, 114

Reihe Betriebs- und Dienstvereinbarungen

Bereits erschienen:

Kerstin Hänecke · Hiltraud Grzech-Sukalo Kontinuierliche Schichtsysteme	978-3-7663-6174-5	2012
Marianne Giesert · Adelheid Weßling Fallstudien Betriebliches Eingliederungsmanagement in Großbetrieben	978-3-7663-6118-9	2012
Sven Hinrichs Personalauswahl und Auswahlrichtlinien	978-3-7663-6116-5	2011
Edgar Rose · Roland Köstler Mitbestimmung in der Europäischen Aktiengesellschaft (SE)	978-3-7663-6088-5	2011
Hiltraud Grzech-Sukalo · Kerstin Hänecke Diskontinuierliche Schichtsysteme	978-3-7663-6061-8	2011
Nikolai Laßmann · Rudi Rupp Beschäftigungssicherung	978-3-7663-6076-2	2010
Regine Romahn Betriebliches Eingliederungsmanagement	978-3-7663-6071-7	2010
Gerd Busse · Claudia Klein Duale Berufsausbildung	978-3-7663-6067-0	2010
Karl-Hermann Böker Zeitwirtschaftssysteme	978-3-7663-3942-3	2010
Detlef Ullenboom Freiwillige betriebliche Sozialleistungen	978-3-7663-3941-6	2010
Nikolai Laßmann · Dietmar Röhricht Betriebliche Altersversorgung	978-3-7663-3943-0	2010
Marianne Giesert Fallstudien Zukunftsfähige Gesundheitspolitik im Betrieb	978-3-7663-3798-6	2010
Thomas Breisig AT-Angestellte	978-3-7663-3944-7	2010
Reinhard Bechmann Qualitätsmanagement und kontinuierlicher Verbesserungsprozess	978-3-7663-6012-0	2010
Berthold Göritz · Detlef Hase · Nikolai Laßmann · Rudi Rupp Interessenausgleich und Sozialplan	978-3-7663-6013-7	2010
Thomas Breisig Leistung und Erfolg als Basis für Entgelte	978-3-7663-3861-7	2009
Sven Hinrichs Mitarbeitergespräch und Zielvereinbarung	978-3-7663-3860-0	2009
Christine Zumbeck Leiharbeit und befristete Beschäftigung	978-3-7663-3859-4	2009

Karl-Hermann Böker **Organisation und Arbeit von Betriebs- und Personalräten**	978-3-7663-3884-6	2009
Ronny Heinkel **Neustrukturierung von Betriebsratsgremien nach § 3 BetrVG**	978-3-7663-3885-3	2008
Christiane Lindecke Fallstudien **Flexible Arbeitszeiten im Betrieb**	978-3-7663-3800-6	2008
Svenja Pfahl · Stefan Reuyß Fallstudien **Gelebte Chancengleichheit im Betrieb**	978-3-7663-3799-3	2008
Karl-Hermann Böker **E-Mail-Nutzung und Internetdienste**	978-3-7663-3858-7	2008
Ingo Hamm **Flexible Arbeitszeit – Kontenmodelle**	978-3-7663-3729-0	2008
Werner Nienhüser · Heiko Hoßfeld Forschung für die Praxis **Verbetrieblichung aus der Perspektive betrieblicher Akteure**	978-3-7663-3905-8	2008
Martin Renker **Geschäftsordnungen von Betriebs- und Personalräten**	978-3-7663-3732-0	2007
Englische Ausgabe **Integrating Foreign National Employees**	987-3-7663-3753-5	2007
Karl Hermann Böker **Flexible Arbeitszeit – Langzeitkonten**	978-3-7663-3731-3	2007
Hartmut Klein-Schneider **Flexible Arbeitszeit – Vertrauensarbeitszeit**	978-3-7663-3725-2	2007
Regine Romahn **Eingliederung von Leistungsveränderten**	978-3-7663-3752-8	2007
Robert Kecskes Fallstudien **Integration und partnerschaftliches Verhalten**	978-3-7663-3728-3	2006
Manuela Maschke · Gerburg Zurholt **Chancengleich und familienfreundlich**	978-3-7663-3726-2	2006
Edgar Bergmeier · Andreas Hoppe **Personalinformationssysteme**	978-3-7663-3730-6	2006
Regine Romahn **Gefährdungsbeurteilungen**	978-3-7663-3644-4	2006
Reinhild Reska **Call Center**	978-3-7663-3727-0	2006
Englische Ausgabe **Occupational Health Policy**	978-3-7663-3753-5	2006
Gerd Busse · Winfried Heidemann **Betriebliche Weiterbildung**	978-3-7663-3642-8	2005
Englische Ausgabe **European Works Councils**	978-3-7663-3724-6	2005
Berthold Göritz · Detlef Hase · Anne Krehnker · Rudi Rupp **Interessenausgleich und Sozialplan**	978-3-7663-3686-X	2005
Maria Büntgen **Teilzeitarbeit**	978-3-7663-3641-X	2005

Werner Nienhüser · Heiko Hoßfeld Bewertung von Betriebsvereinbarungen durch Personalmanager	Forschung für die Praxis 978-3-7663-3594-4		2004
Hellmut Gohde Europäische Betriebsräte		978-3-7663-3598-7	2004
Semiha Akin · Michaela Dälken · Leo Monz Integration von Beschäftigten ausländischer Herkunft		978-3-7663-3569-3	2004
Karl-Hermann Böker Arbeitszeiterfassungssysteme		978-3-7663-3568-5	2004
Heinz Braun · Christine Eggerdinger Sucht und Suchtmittelmissbrauch		978-3-7663-3533-2	2004
Barbara Jentgens · Lothar Kamp Betriebliches Verbesserungsvorschlagswesen		978-3-7663-3567-7	2004
Wilfried Kruse · Daniel Tech · Detlef Ullenboom Betriebliche Kompetenzentwicklung*	Fallstudien	978-3-935145-57-8	2003
Judith Kerschbaumer · Martina Perreng Betriebliche Altersvorsorge		978-3-9776-3514-6	2003
Frank Havighorst · Susanne Gesa Umland Mitarbeiterkapitalbeteiligung		978-3-7663-3516-2	2003
Barbara Jentgens · Heinzpeter Höller Telekommunikationsanlagen		978-3-7663-3515-4	2003
Karl-Hermann Böker EDV-Rahmenvereinbarungen		978-3-7663-3519-7	2003
Marianne Giesert · Heinrich Geißler Betriebliche Gesundheitsförderung		978-3-7663-3524-3	2003
Ferdinand Gröben Betriebliche Gesundheitspolitik		978-3-7663-3523-5	2003
Werner Killian · Karsten Schneider Umgestaltung des öffentlichen Sektors		978-3-7663-3520-0	2003
Hartmut Klein-Schneider Personalplanung*		978-3-935145-19-5	2001
Winfried Heidemann Hrsg. Weiterentwicklung von Mitbestimmung im Spiegel betrieblicher Vereinbarungen*		978-3-935145-17-9	2000
Hans-Böckler-Stiftung Beschäftigung – Arbeitsbedingungen – Unternehmensorganisation*		978-3-935145-12-8	2000
Englische Ausgabe Employment, working conditions and company organisation*		978-3-935145-12-6	2000
Lothar Kamp Telearbeit*		978-3-935145-01-2	2000
Susanne Gesa Umland · Matthias Müller Outsourcing*		978-3-935145-08-X	2000
Renate Büttner · Johannes Kirsch Bündnisse für Arbeit im Betrieb*	Fallstudien	978-3-928204-77-7	1999

Winfried Heidemann **Beschäftigungssicherung***	978-3-928204-80-7	1999
Hartmut Klein-Schneider **Flexible Arbeitszeit***	978-3-928204-78-5	1999
Siegfried Leittretter **Betrieblicher Umweltschutz***	978-3-928204-77-7	1999
Lothar Kamp **Gruppenarbeit***	978-3-928204-77-7	1999
Hartmut Klein-Schneider **Leistungs- und erfolgsorientiertes Entgelt***	978-3-928204-97-4	1998

Die in der Liste nicht gekennzeichneten Buchtitel gehören insgesamt zu den »Analysen und Handlungsempfehlungen«.

Die mit einem *Sternchen gekennzeichneten Bücher sind über den Buchhandel (ISBN) oder den Setzkasten per Mail: mail@setzkasten.de (Bestellnummer) erhältlich. Darüber hinaus bieten wir diese Bücher als kostenfreie Pdf-Datei im Internet: www.boeckler.de an.